関西「いい川」渓流
アマゴ・イワナ釣り場

つり人社書籍編集部　編

つり人社

目次

関西「いい川」渓流 アマゴ・イワナ釣り場

構成／時田眞吉
地図／堀口順一朗
BOOKデザイン　佐藤安弘（イグアナ・グラフィックデザイン）

はじめに—本書について

本書は釣り人による、釣り人のための渓流釣り場ガイドです。エサ、ルアー、テンカラ、フライとスタイルを問わず渓流釣りと自然を愛する方々にご協力をいただき、一冊にまとめました。末永く渓流釣りを楽しめるように、ルールを守り、節度のある釣りを心がけましょう。

【釣り場】 一般的な渓流、本流、最終集落以遠の源流域も含みます。本文解説や写真から己の技量に適した河川を選び、安全な釣行を心がけてください。

【対象魚】 アマゴ、イワナのほか、ニジマス等の記述もあります。また日本海に注ぐ矢田川のみ、対象魚はアマゴではなく「ヤマメ（とイワナ）」になります。

【天然魚について】 本書の当該地域では、成魚放流区間以外（稚魚放流、発眼卵放流、親魚放流が行なわれている。または無法流区間）で釣れる渓魚を「天然」と一般的に称するため、本書ではこれを踏襲しました。

【情報】 本文やインフォメーション等の各情報は、基本的に2019年3月時点のものです。現状を保証するものではなく、解禁期間、遊漁料、漁業協同組合、釣具店、遊漁券取扱所等の各情報は、その後変更されている可能性もあります（記載の解禁日は2019年度。また「第●土曜」等の設定の場合、年により日にちが変わる）。釣り場の状況も同じであるとは限りません。釣行の際は必ず事前に現地の最新情報をご確認ください。また、現地で本書に記載外の禁漁・禁止行為等を示す標識等や情報があった場合はその指示を遵守してください。

【地図】 各河川にはアクセス図と釣り場河川図を掲載しました（縮尺は一定ではありません）。アクセス図の交通は、基本的に最寄りの高速道路ICを起点にしています。河川図は基本的に北を上にして製作してありますが、河川によっては表示するスペースの関係から異なる場合もあります。アクセス図、河川図とも東西南北は方位記号をご参照ください。また、地図上に記された駐車スペースの多くは、本文内の記述と合わせて、あくまで1つの目安としてお考えください。

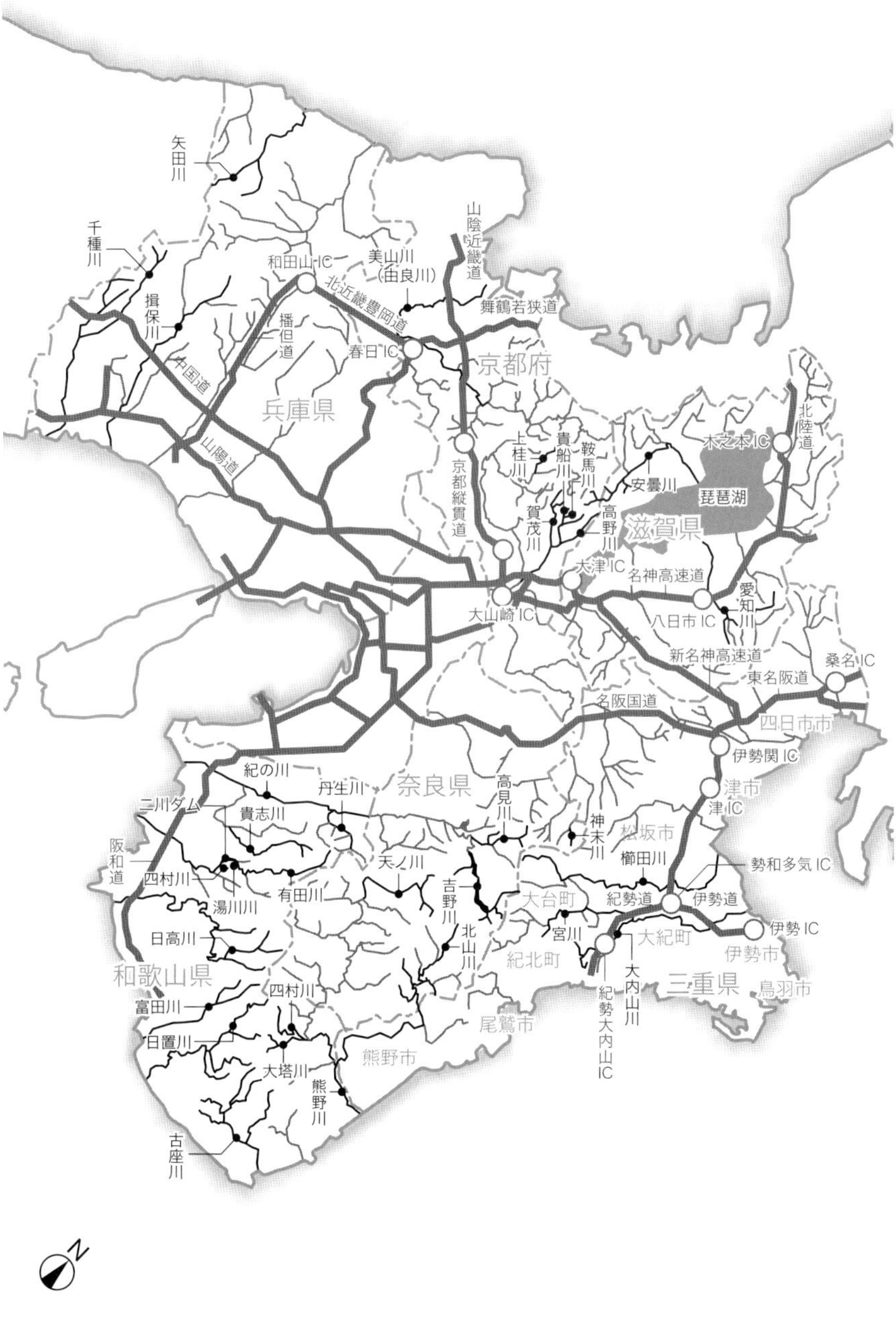
矢田川
千種川
揖保川
和田山IC
美山川
(由良川)
山陰近畿道
北近畿豊岡道
舞鶴若狭道
播但道
春日IC
中国道
京都府
兵庫県
山陽道
上桂川
貴船川
鞍馬川
安曇川
木之本IC
北陸道
琵琶湖
京都縦貫道
賀茂川
高野川
滋賀県
大津IC
名神高速道
愛知川
大山崎IC
八日市IC
新名神高速道
桑名IC
東名阪道
名阪国道
四日市市
伊勢関IC
紀の川
丹生川
奈良県
高見川
津市
津IC
二川ダム
貴志川
神末川
松坂市
阪和道
四村川
天ノ川
櫛田川
勢和多気IC
湯川川
有田川
吉野川
大台町
紀勢道
伊勢道
宮川
伊勢IC
日高川
北山川
大紀町
伊勢市
紀北町
和歌山県
大内山川
三重県
鳥羽市
富田川
四村川
紀勢大内山IC
尾鷲市
日置川
大塔川
熊野市
熊野川
古座川
N

淀川水系

愛《え》知《ち》川

R421石榑トンネル開通で愛知、三重県からのアクセスも良好
ダム上流の本流筋ではアマゴ、ニジマス、上流部でイワナが楽しめる

紅葉で有名な臨済宗永源寺派大本山「永源寺」から約10㎞、R421を遡ると、鈴鹿山系（鈴鹿10座）の山々を源流とする愛知川上流エリアに達する。

平成23年、R421に石榑《いしぐれ》トンネルが開通し、愛知・三重県からの交通の便もよくなり、関西圏だけではなく中京圏から訪れる釣り人が大幅に増えてきた。

フィールドだが、愛知川本流（上流部では茶屋川）と本流に流れ込む御池川、神崎川およびその支流より成り立ち、谷川すべてが渓流釣り場になっている。解禁日当初は、上流部では標高が数百メートルあり雪が残っていることが多いので、装備は万全を期して現地に向かっていただきたい。

平成31年の放流事業は、解禁前に1回、解禁後に2回実施し、御池川にはアマゴ・イワナの成魚、愛知川本流（茶屋川）、神崎川にはアマゴ・ニジマスの成魚、3河川で合計1700㎏を

information
●河川名　淀川水系愛知川
●釣り場位置　滋賀県東近江市
●主な対象魚　アマゴ、イワナ、ニジマス
●解禁期間　3月2日～9月30日
●遊漁料　日釣券2000円（濃密放流区4000円）、年券6000円
●管轄漁協　愛知川上流漁業協同組合（Tel0748-29-0620）
●最寄の遊漁券発売所　道の駅　奥永源寺渓流の里（Tel0748-29-0428）、愛知川上流漁業協同組合（Tel0748-29-0620）
●交通　名神高速道路・八日市ICよりR421で永源寺ダムを経由して上流の各ポイントへ

愛知川・木戸の下橋周辺の流れを望む

放流している。また、稚魚については、前記河川の上流と各支流にアマゴとイワナ25万尾を8回に分けて放流している。

特にイワナの稚魚については、愛知川上流漁協の理念である「谷最上流部でのイワナの回復がなければ、谷川でのイワナ復活は成立しない」との考えから、最上流部に放流を行なっており、考えに賛同する遊漁者の方々にボランティアでの作業を依頼している。

リュックに稚魚を積み込み、山々を登り尾根を歩き、支谷を遡行することは大変な苦労だが、谷川でのイワナ復活のためご尽力いただいている。

また、新たな取り組みとして、神崎川の神崎川発電所周辺（約3㎞）のエリアを、バーブレスフックを使用したフライ&テンカラ釣りに限定し、在来天然魚の自然産卵による増殖区域としてリリース（再放流）区間に指定している。

本流・木戸の下橋付近。川幅も広く入渓しやすい。アマゴやニジマスが放流され魚影も多い

御池川。落差のある流れを見せる渓相

御池川。落ち込みなど頭上に木々が覆い被さるポイントも多い

御池川は場所によっては開けた渓相も見せる

注意していただきたいのが、永源寺ダム上流の如来堂堰堤から下流は、別漁協のエリアとなるので、愛知川上流漁協の遊漁券では釣りができない。

●本流・木戸の下橋周辺

アマゴ、ニジマスの成魚放流区域であり、Ｒ４２１に面した愛知川上流のメイン釣り場として人気が高い。川幅も広く入渓もしやすく、付近には公衆トイレや、道の駅「奥永源寺渓流の里」もあり、釣行時にはなにかと便利だ。

このあたりは淵と瀬が交互に続く渓相。淵も大きく深いので、渓流ザオの本流タイプを必要に応じて使うといいだろう。

●御池川・君ヶ畑町より上流周辺

御池林道を上がり長瀬橋までがアマゴ、イワナの成魚放流区域。渓相は渓谷模様となり川幅も狭まり構造物もな

御池川は、大自然を満喫できる流れ

く、自然そのものを味わえる。毎年、解禁日から多くの釣り人で賑わう人気のエリアだ。
ただ、釣り方には注意が必要。ポイントによってはミチイトの長さを調整しなければねらえない所もあり、引き抜きも上部の木の枝に邪魔されないような工夫が必要となる。
また、解禁当初は残雪が多かったり、林道入渓口から河原までの間が急斜面になっている所もあるので注意してほしい。

●神崎川・神崎橋周辺

本流（茶屋川）と神崎川出合から約1・1㎞上流の堰堤までがアマゴ・ニジマスの成魚放流区域で、R421からすぐに入れる場所である。花崗岩の明るい渓で、本流ほど川幅も広くなく、女性や子供でも容易にポイントへアクセスできる。釣りやすくおすすめだ。

流域には人家もなく地元民も認める

神崎川は川幅もほどよく女性や
子供でも楽しめる渓相

神崎川。国道付近からすぐにアクセス
できる人気の釣り場

神崎川発電所前後の流れはキャッチ＆
リリース区間となっている

神崎川。花崗岩の渓は明るく、アマゴの
遊泳する姿も見られる

清流だが、ゴミの不法投棄防止のため、4月末から神崎橋より上流はゲートが閉められ、車の進入ができないので徒歩での入渓となる。

●茶屋川周辺

茶屋川は愛知川の本流筋上流部。昔からイワナ釣りファン憧れの川で、大小30ほどの支流があり、それぞれの谷にイワナの稚魚を放流している。R421から茨《いばら》川《がわ》林道へ入るが、すぐ未舗装になる。

かつて銀鉱山で栄えた茨川に人が住まなくなって久しいが、秘境感が林間に漂うこのエリアの雰囲気を好み、何度も訪れる釣り人は多い。渓相はなだらかでアマゴの稚魚放流もされているので、数釣りも楽しめる。（廣瀬）

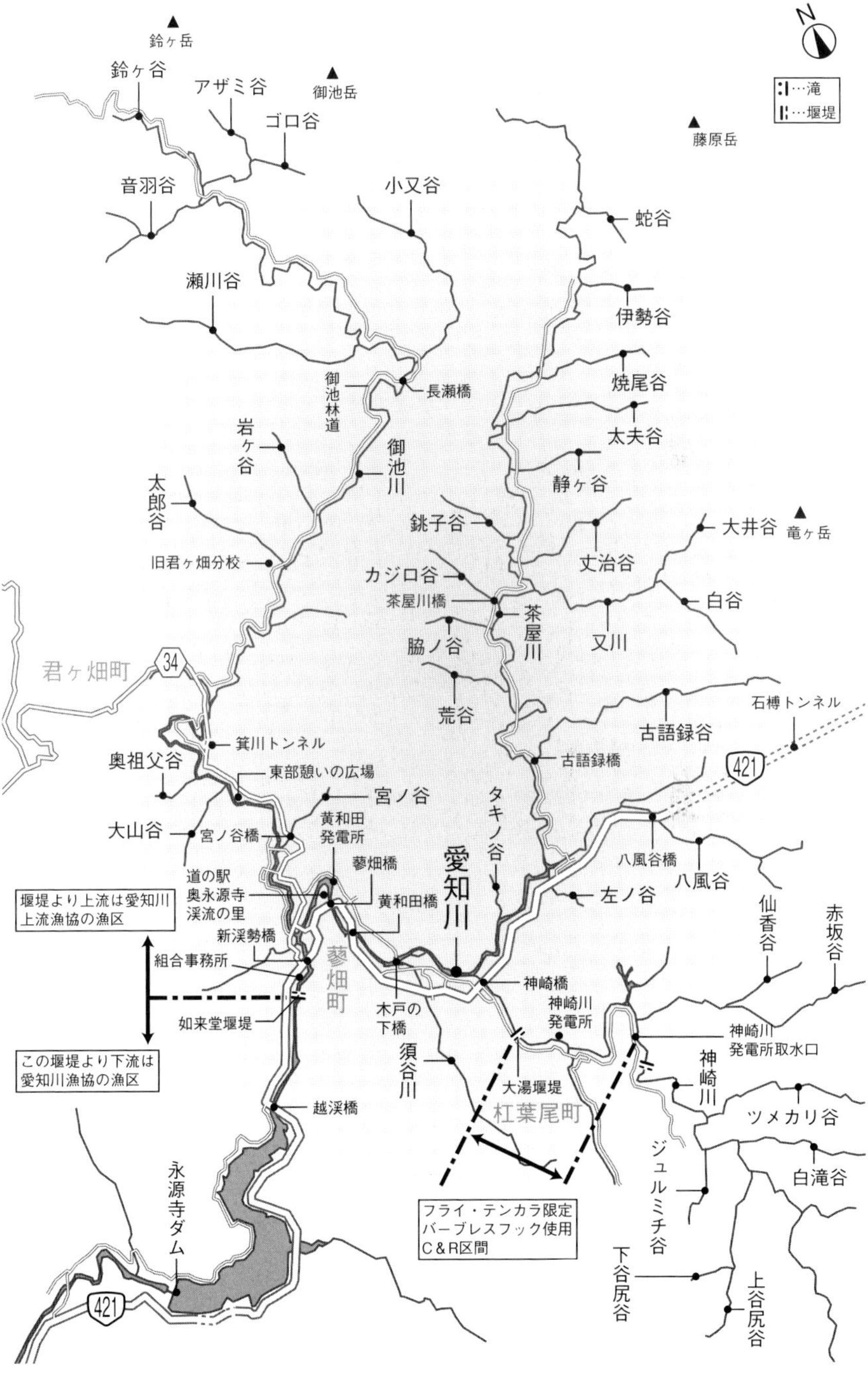
鈴ヶ岳
鈴ヶ谷
アザミ谷
御池岳
ゴロ谷
藤原岳
…滝
…堰堤
音羽谷
小又谷
蛇谷
瀬川谷
伊勢谷
長瀬橋
御池林道
焼尾谷
太夫谷
岩ヶ谷
御池川
静ヶ谷
太郎谷
銚子谷
大井谷
竜ヶ岳
丈治谷
旧君ヶ畑分校
カジロ谷
茶屋川橋
白谷
茶屋川
脇ノ谷
又川
君ヶ畑町
34
荒谷
石榑トンネル
古語録谷
箕川トンネル
奥祖父谷
古語録橋
421
東部憩いの広場
宮ノ谷
タキノ谷
大山谷
宮ノ谷橋
黄和田発電所
八風谷橋
蓼畑橋
八風谷
道の駅奥永源寺渓流の里
愛知川
左ノ谷
黄和田橋
堰堤より上流は愛知川上流漁協の漁区
仙香谷
赤坂谷
新渓勢橋
蓼畑町
組合事務所
神崎橋
神崎川発電所
如来堂堰堤
木戸の下橋
神崎川発電所取水口
須谷川
神崎川
この堰堤より下流は愛知川漁協の漁区
大湯堰堤
越渓橋
杠葉尾町
ツメカリ谷
ジュルミチ谷
白滝谷
永源寺ダム
フライ・テンカラ限定
バーブレスフック使用
C＆R区間
下谷尻谷
上谷尻谷
421

淀川水系

安《あ》曇《ど》川

R367沿いを北流して琵琶湖西岸に注ぐ流れ葛川漁協区、朽木漁協区の釣り場を紹介

安曇川は京都市左京区の百井峠付近に発し、花折トンネル付近からR367に沿い滋賀県大津市を葛川として流下、滋賀県高島市朽木から安曇川町を安曇川と名前を変え琵琶湖へと注ぐ。流程約50㎞の中規模河川ながら、上流から葛川漁協区、久多漁協区（久多川／京都）、朽木漁協区、廣瀬漁協区と管轄する漁協が4つある。ここでは葛川漁協区、朽木漁協区の渓流釣りを紹介したい。なお最下流部となる廣瀬漁協区（長尾堰堤から下流域）では渓流釣りは行なわれていない。

【朽木漁協区】（P15・16図）

朽木漁協区の解禁は毎年3月中旬で、放流は2019年度は約2万6000尾。安曇川支流の針畑川と北川、麻生川が主な渓流釣り場となる。

本流のおすすめポイントは貫井堰堤下流から栃生橋周辺までが最も石が荒く、深みも多い渓流相。変化に富んだ流れには大ものも潜んでいる。

●針畑川

針畑川エリアは朽木渓流魚センタールアーフィールドに至る床鍋橋から上流が朽木漁協区。下流域の一部（久多キャンプ場から上流の渓流魚センターまで）は京都市となり漁区が変わるのでご注意。ここでのおすすめポイントを紹介したい。

小川松原橋上下流は大石が点在し、流れが複雑なためじっくりねらいたい。松原橋周辺は橋の近くに階段があり入渓しやすいが、渓自体は歩きにくい地

針畑川・小川松原橋上流

写真奥が朽木漁協区の最上流となる
貫井堰堤

形なので充分に気を付けたい。

桑原地区（桑原橋下流）は石が細かく歩きやすいが、低水温時よりも水温が上がったときに釣果が期待できる。

●北川

北川は、安曇川合流点から上流にある能家《のうげ》地区辺りまで護岸整備されているので入渓点が少ない。

地蔵谷付近は北川の上流部となり、渓谷相ではあるが入渓点が少ない。地蔵谷合流点が入渓しやすい。荒神橋付近と、橋上流の日吉神社前にも入渓点がある。

家一橋から下流約300m付近に崩れた堰堤があり、そこから下流がよい釣り場で入渓もしやすい。

北川と麻生川の合流点は道路から川まで崖のようになっており入渓は危険。北川の三ツ石周辺から入渓し、釣り上がるのがおすすめだ。

●麻生川

麻生川は北川に流れ込んでいる支流

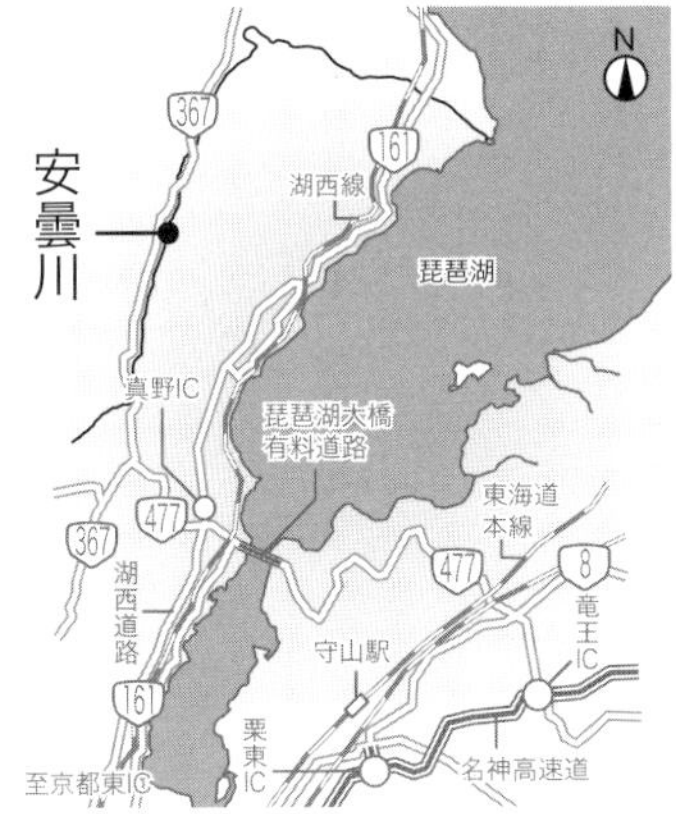

information

●河川名　淀川水系安曇川
●釣り場位置　滋賀県高島市～大津市
●主な対象魚　アマゴ、イワナ
●解禁期間　3月2日（朽木漁協区間は16日）～9月30日
●遊漁料　日釣券2500円・年券8000円（葛川漁協）、日釣券2200円・年券8500円（朽木漁協）
●管轄漁協　葛川漁業協同組合（Tel077-599-2120）、朽木漁業協同組合（Tel0740-38-2541）
●最寄の遊漁券発売所　ローソン朽木市場店（Tel0740-38-8025）
●交通　名神高速道路・竜王ICよりR477、琵琶湖大橋有料道路を経由してR367で安曇川へ。もしくは湖西道路・真野ICよりR477、367を利用

麻生川・ろくろ橋下流の渓相。チョウチン釣りで楽しめる

北川・荒神橋付近は入渓しやすい

葛川漁協区・安曇川本流曙橋上流付近は変化に富んだ流れの人気ポイント

葛川漁協区・無放流区間となる仲平橋上流を望む

で、入渓しやすく釣りやすい川である。また毎年アマゴ釣り教室も行なわれているため、初心者におすすめだ。

大畠橋の旧道には広い駐車スペースがあり、橋上下流ともよい釣り場になっている。ろくろ橋付近は川幅が狭いので、下流から短ザオでのチョウチン釣りがおすすめだ。大橋下流は毎年渓流釣り教室が行なわれている場所で、初心者でも釣りやすい。

【葛川漁協区】（P17図）

安曇川上流部（葛川）の解禁は毎年3月初旬。2019年度はアマゴの稚魚1万2000尾、イワナ稚魚8000尾、アマゴ成魚8000尾（3、4、5月放流予定）、尺アマゴ・イワナ500尾（8月下旬～9月上旬放流予定）がそれぞれ放流されている。

管轄エリアは花折トンネルを越えた平《だいら》地区より上流約3㎞地点の京都府境から、下流は貫井堰堤まで。天然ア

マゴ、イワナは全域で釣れるが、平地区から上流が特におすすめだ。

また、仲平堰堤から砂防堰堤までが無放流区間で、砂防堰堤から堤堰堤までが重点放流区になっている。

支流の針畑川上流に久多キャンプ場があり、そのキャンプ場から下流が大津市で葛川漁協区域となる。おすすめの釣り場をピックアップして紹介したい。

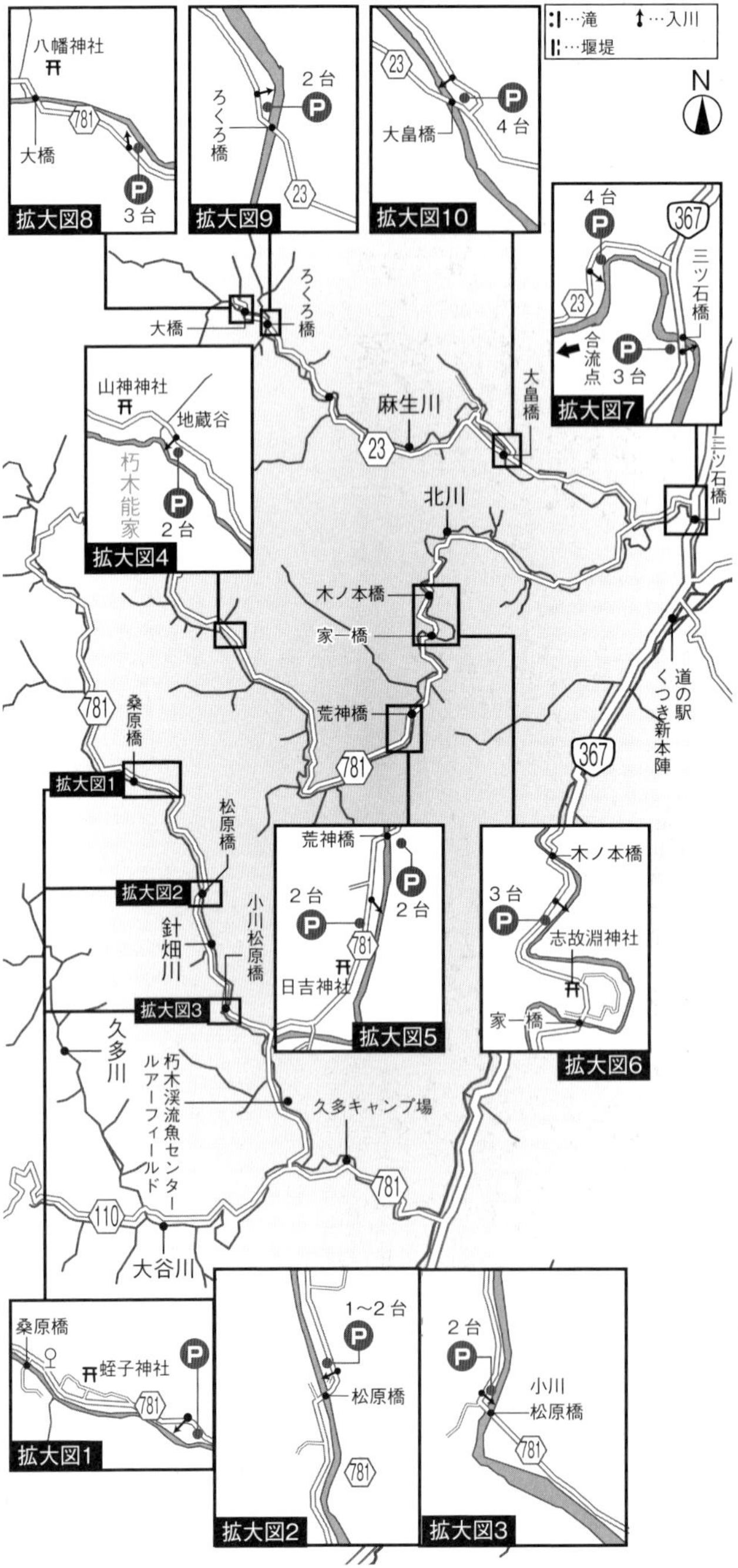

平地区バス停（仲平橋）上下流。2、3年前の台風の影響により渓相がなだらかになり入渓しやすい流れとなった。駐車スペースもあり天然魚もねらえる。重点放流区は解禁日以降定期的に成魚放流をしているため初心者にもおすすめ。

中村橋上下流は、道路側護岸が崩れたため川の流れが右岸から左岸に変わってしまった。人の手が加わり川幅が狭く、全体的に水深が浅くなった。粘るよりもこまめにポイントを移動して釣るのがよい。

曙橋上下流（葛川漁協周辺）は川と道路が並行して続く。深みや分流のあ

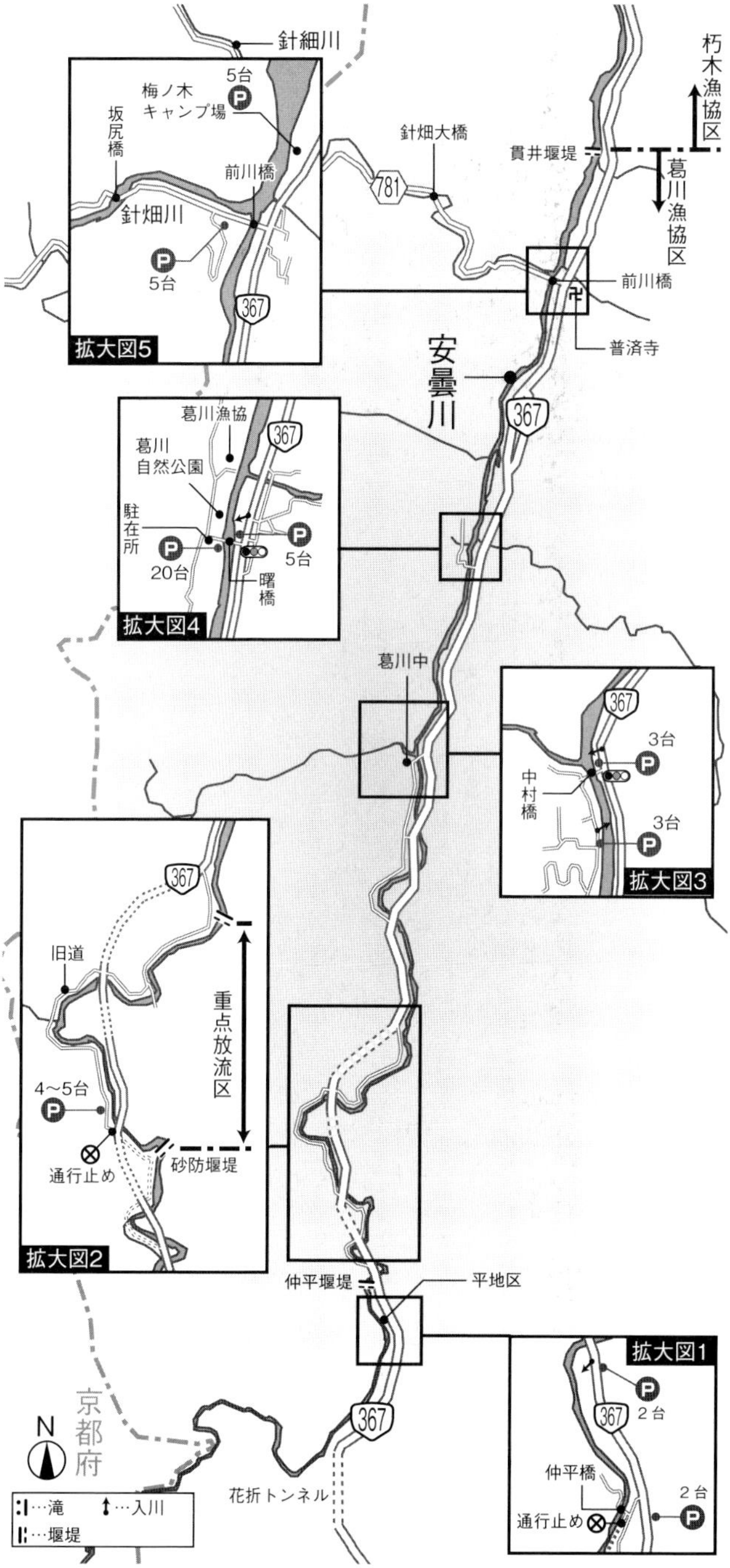

る変化に富んだ川相で人気ポイントだ。また、昨年まで護岸工事をしていたため、人工的な流れだが足場がよく釣りやすい。

梅ノ木地区前川橋周辺（梅ノ木キャンプ場）は針畑川合流点下流になり、水量も多く瀬やチャラ、深みなどの変化に富んだ渓相。キャンプ場に駐車可能で、係員に「釣りです」と声をかければ無料で駐車できる。

合流点から針畑川上流坂尻橋周辺は釣りやすく入渓しやすいが、上流の針畑大橋周辺は入渓しにくいので注意。

（谷口）

由良川水系

美山《みやま》川（由良川）

京の奥座敷を流れるアマゴの美渓
4つの特別区など多彩な釣り場環境も魅力

知井地区・芦生ロードパークの入渓点周辺の流れ。水量も多く、大石、瀬、淵が点在する

自然豊かな美山川は、由良川の最上流部・芦生の森を水源に、下流は大野ダムまでの区間を差す（支流の棚野川も含まれる）。流域は関西屈指の手つかずの自然が多く残されており、日本の原風景が見られる「かやぶきの里」を始め、歴史・文化的にも魅力のある地域で、季節を問わず多くの観光客が訪れる。

また、由良川水系のアユは、かつて北大路魯山人が絶賛したといわれており、渓相はもちろん 水質のよさも魅力の一つである。

【概要①上流部】

美山川が流れる美山町は5つの集落に分かれており、上流部から知井地区、中流部の平屋地区、下流部の宮島地区、大野地区、そして支流の棚野川が流れる鶴ケ岡地区となる。

知井地区は瀬、淵が連続し、一番の好ポイントが続くので解禁から人気の場所だ。その年にもよるが、解禁当初は残雪もあり、早春の渓流釣りが堪能できる。注意してもらいたいのは、この知井地区には美山漁協の管轄外の特別区が4つあることだ。

1つは最源部となる芦生特別区（問

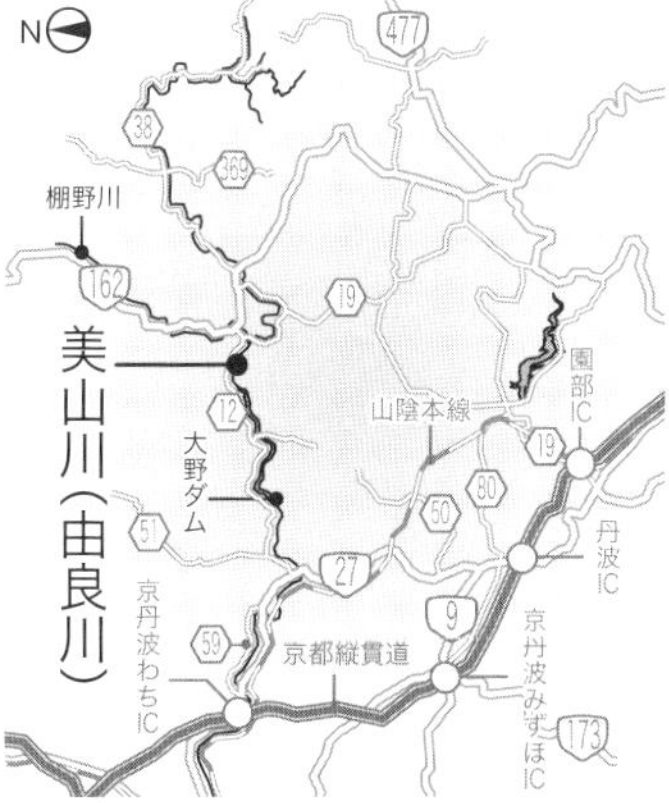

information

●河川名　由良川水系美山川
●釣り場位置　京都府南丹市美山町
●主な対象魚　アマゴ
●解禁期間　3月17日～9月30日（特別区を除く）
●遊漁料　日釣券3000円・年券7500円（特別区を除く）
●管轄漁協　美山漁業協同組合（Tel0771-75-0210）
●最寄の遊漁券発売所　喫茶スペースウッド（Tel0771-77-0853）、勝山商店（Tel0771-77-0201）、リバーサイド（Tel0771-75-0632）、芦生山の家（Tel0771-77-0290）
●交通　京都縦貫自動車道・京丹波わちICよりR27、県道12号で大野ダムを経て、R162、県道38号で上流部へ

合先＝芦生山の家）。芦生の原生林が育むアマゴは美しく、自然繁殖による美形アマゴも多くいる。しかし、この特別区は年毎に禁漁、解禁が決まっている。

2つめは支流・佐々里川より上流全域の佐々里川Fly&Lure特別区（問合先＝喫茶スペースウッド、勝山商店）。新しい釣り場環境を目差して、フライフィッシング（テンカラ）、ルアーフィッシングオンリーのキャッチ&リリース専用区としてオープン。川虫も多く生息し、春先のライズをねらう釣りから、初夏の釣り上がりの釣りも堪能できる人気のフィールド。

3つめは支流の河内谷川特別区（問合先＝長野TEL0771・77・0628）。こちらも年毎に禁漁、解禁があるので事前に要確認。

4つめは支流の知見谷川に入ってすぐの杉波谷川特別区（問合先＝澤田TEL090・2193・2088）。

支流の棚野川。相白橋周辺の渓相。流れは年間を通して水量が安定している

支流の知見谷川。渓が道に沿い釣りやすい流れながら25cm以上の幅広のアマゴが出る

知井地区・唐戸エリア。谷も深く本格的な装備で臨みたい。尺アマゴの可能性も高い

2019年度より特別区として新たにオープンした。上流部は稚魚放流、下流部は成魚放流で今後期待のフィールドだ。

特別区以外にもこの知井地区には多くの支流が流れ込んでおり、知見谷川や、五波谷川などの谷筋は7～9月末にかけて一回り大きくなったアマゴが遊んでくれる。

【概要②中流部】

中流部の平屋地区は谷川が少なくメインとなる深見川は稚魚、成魚放流も行なっており解禁から人気の場所。ただしR162沿いに川が流れているのだが、道沿いから釣りをするのは気を付けてもらいたい。また、駐車する際も注意が必要だ。

美山漁協はこの平屋地区の安掛《あがけ》、平屋大橋付近にある。ここは美山町の玄関口。道の駅「美山ふれあい広場」には京都丹波高原国定公園エリアと美山

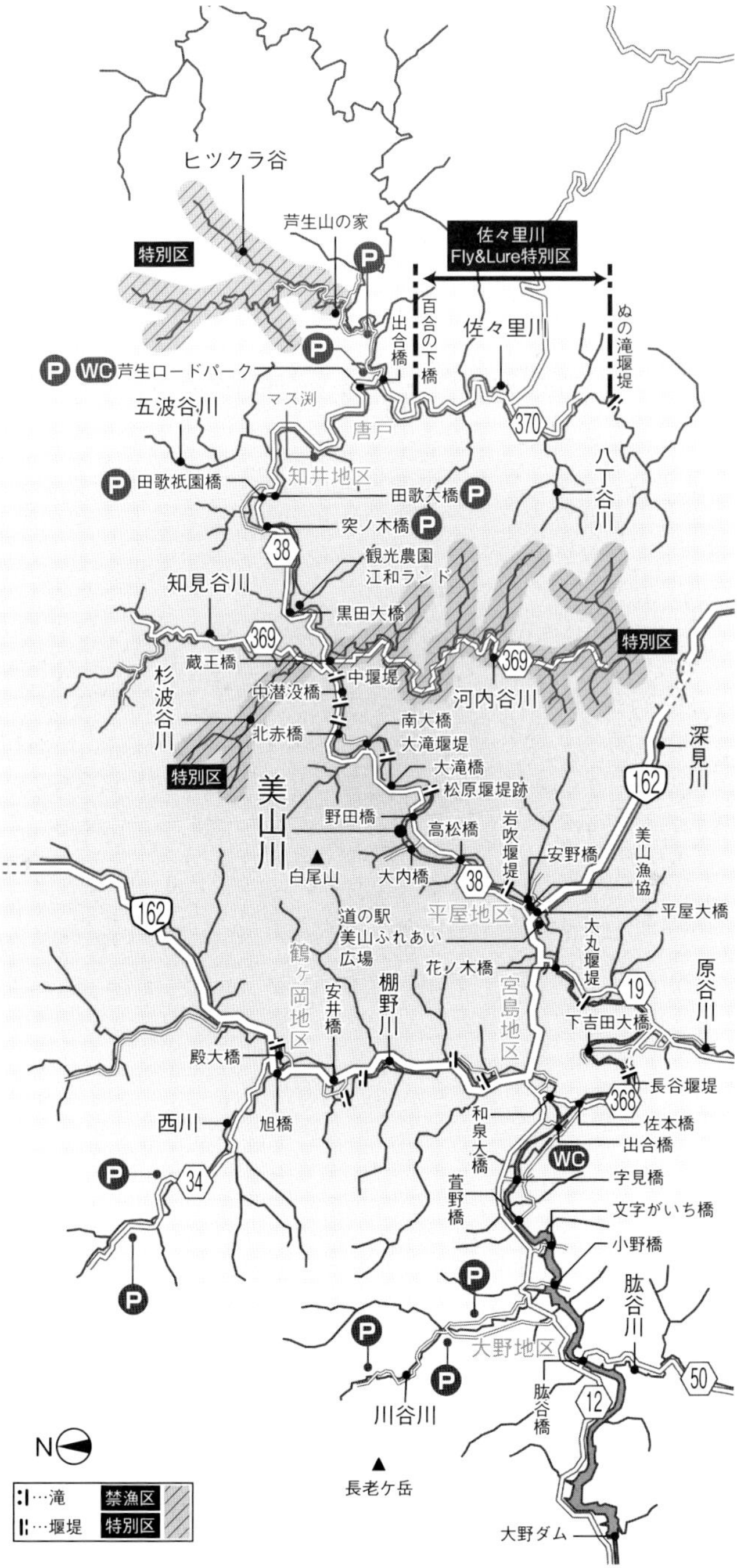

の観光案内所である京都丹波高原国定公園ビジターセンターがあり、町内各地の体験ツアーや観光地の案内、宿泊予約等を行なっている。

道の駅にある「ふらっと美山」では地域の特産品を販売しており、ご当地・美山牛乳の直売所「美山のめぐみ牛乳工房」ではソフトクリームやジェラートが人気なので、釣りの帰りにはぜひ立ち寄りたい。私が子供の頃は、この本流エリアがメインのフィールドだった。5～6月のアユの解禁前まで、夕方毎日のように学校の帰りに大型の本流アマゴをねらっていた。

しかし、近年の大水で渓相も変わり、

佐々里川 Fly&Lure 特別区との境を望む。新しい
釣り場環境を目差した人気のフィールドだ

砂で淵も埋まった。最近はカワウの被害も多く魚の姿は見えない。それでも出水の後などはミノーやウエットフライなどで尺アマゴをねらうと面白い。

【概要③下流部】

下流部にある宮島地区は支流の原谷川、大野地区は川谷川も稚魚、成魚放流をしているので、探ると思いもよらない釣果も期待できる。なお、原谷川は災害復旧工事のため、２０１９年度は遊漁ができないので要確認。

最後の鶴ケ岡地区は支流の棚野川がメインとなる。その一部のエリアを成魚濃密放流区として設定、トイレや駐車スペースも多くあり、解禁日から子供や女性、家族連れまで幅広く渓流釣りが楽しめる。美山漁協では、20歳未満は遊漁料が無料（16~19歳の方は漁協にて要証明手続き）、女性と身体障害者（要・障害者手帳）は半額なのでビギナーの方にはこのエリアをおすすめしたい。

美山川水系での私の釣り方は、支流のエリアならばサオは５ｍまで。静かに落ち込みなどを流すとよい。エサは解禁当初、成魚ねらいならイクラやブドウ虫。本格的なシーズンに入るとキヂがおすすめだ。

５月に入ると、知井地区の知見谷川や本流エリアに尺前後の幅広アマゴねらいで入る。エサは川虫かキヂ。私は雨上がりが絶対のチャンスと思っている。これはルアーやフライフィッシングでも共通ではないだろうか。

現在、特別区を除いて、美山漁協管轄下ではルアー&フライフィッシング（テンカラ含む）は認められている。また、２０２０年に美山漁協管轄の知井地区にある蔵王橋から中潜没橋（予定）の間でルアー&フライフィッシング（テンカラ含む）のキャッチ&リリース区間が新設される。かやぶきの里にも近く、川幅もあり渓相もよいエリアで思いきりルアー&フライを楽しんでもらいたい。

では、私が解禁日からシーズンを通しておすすめする釣り場（美山漁協管轄エリア）を改めて下流から詳しく紹介したい。

●鶴ケ岡地区・支流の棚野川

下流のオゾバシリ堰堤から上流・神田堰堤までは成魚濃密放流区となり、解禁当初から多くの釣り人で賑わう。比較的足場もよい里川。年間通して水量も安定しており、水生昆虫も多くフライフィッシングも楽しめる。サオは６ｍ前後でエサはイクラ、ブドウ虫がよいが、食い渋ってくるとキヂに釣果がでる。

ねらいは魚の溜まりやすい所だが、少し経つと魚が動き、瀬の釣りも面白い。また、下流の小倉橋から濃密放流区までの間も渓相がよく、水が出た後

中潜没橋と中堤防との間の流れを望む。澄んだ厚い流れが大型のアマゴを育む

はねらいめだ。思わぬ良型のアマゴに出会える。

●知井地区・支流の知見谷川

蔵王橋上流右岸に流れ込む知見谷川は、5、6月が一番面白い。ねらいは雨降りで水が出た後。25㎝以上の幅広のアマゴが釣れる。比較的釣り場が長く、合流地点からテンポよく落ち込みを探っていくとよい。

川が道沿いにあるのでサオは6mで岸から離れてそっと釣る。小さい堰堤下で水深がある場所は一番の好ポイント。しかし、釣り人も多いのでアタリがない場合は先行者がいると考え、粘らず場所を変えるのもよい。

●知井地区・突ノ木橋～出合橋

私が最も好きなポイントがこの本流区間。昔の面影が多く残り、これぞ美山川という渓相だ。唐戸エリアは谷も深く本格的な装備で臨みたい。水量も多く、大石、瀬、淵が点在しているのでサオは6m以上。オモリは3B以上で川底を叩くイメージで流す。エサは川虫とキヂが中心だが、おすすめはオニチョロ。

エサ釣りで探りきれない場所は断然ルアーフィッシングだ。大きめのミノーで落ち込みをねらえば尺アマゴの可能性も広がる。シーズン通してねらえるが、4月なかばのアユの放流が始まった時期はミノーの反応もよい。また、芦生ロードパークには駐車スペースもあり入渓しやすくトイレもある。

●知井地区・五波谷川、出合橋以遠佐々里川

五波谷川は小さい谷川である。比較的釣り人も少ないので穴場的な場所だが、小型中心となるので、どうしても釣り場がない時におすすめする。出合橋上流の本流は水温も低く、年間通して水量も安定しているので夏場の釣り場だ。

ねらいめは朝夕マヅメ。川幅も広いのでルアー、フライフィッシングも楽しめる。また、芦生山の家前の右岸に流れ込むヒックラ谷は芦生特別区なので別料金と年毎に禁漁、解禁となるので要注意。

出合橋下流左岸に流れ込む佐々里川。百合の下橋上流からは佐々里川Fly&Lure 特別区となるが、そこまでは美山漁協管轄となる。短い区間となるが、上流からの落ちアマゴをねらうもの面白い。

（西野）

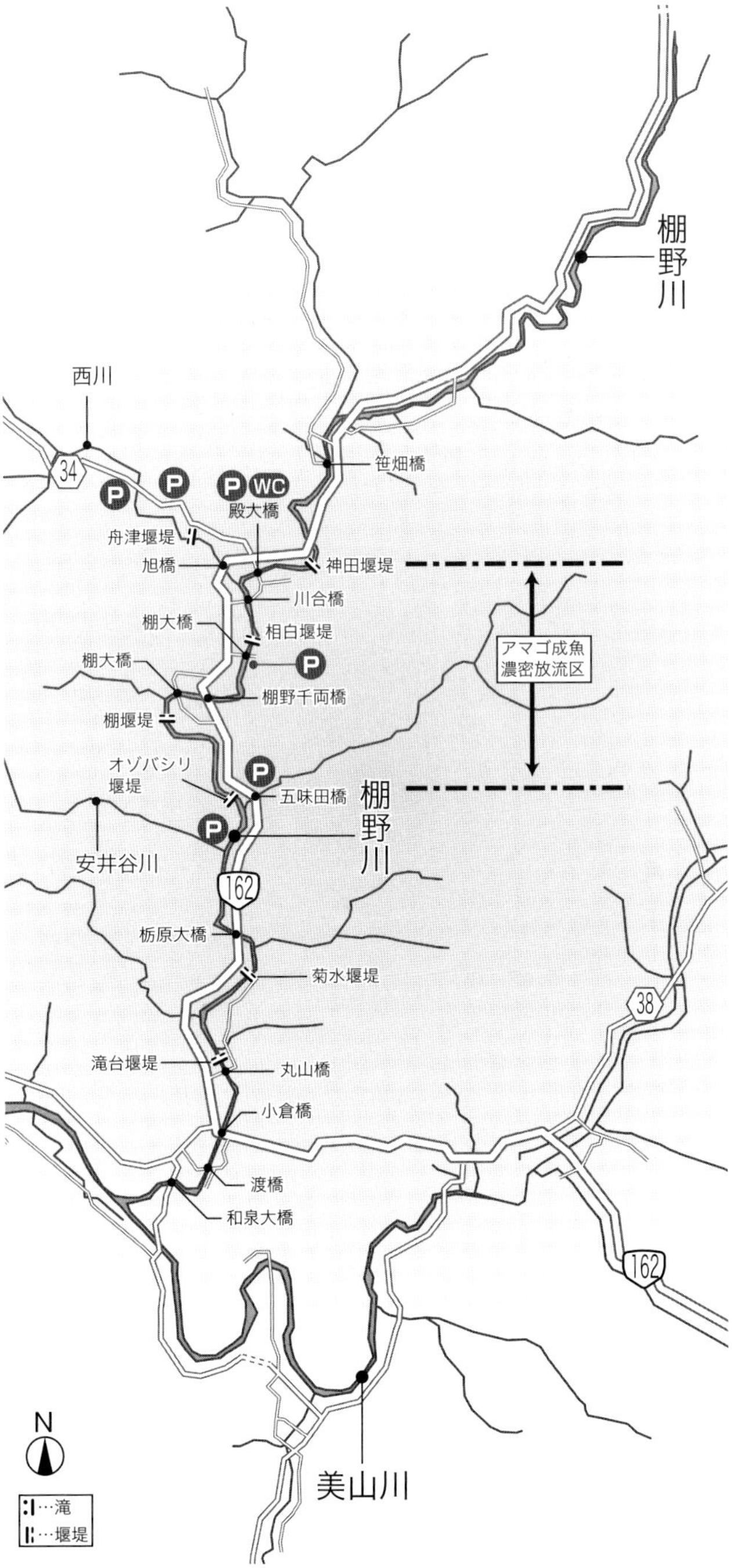

放流魚ねらいなら子供と一緒に数釣りも楽しめる（寺谷川合流点上流の上桂川本流、アマゴ集中放流地区）

淀川水系

上桂《かみかつら》川（桂川）

アマゴ限定保護区、集中放流地区、C&R区間等多彩な設定 ファミリーから天然魚志向の本格派まで楽しめる

　桂川は佐々里峠に源を発し、左京区広河原、左京区花脊を南流し、花脊南部で西へ流れを大きく変える。世木ダム、日吉ダムを経由して伏見区で賀茂川（鴨川）を併せ、大阪府との境で木津川、宇治川と合流し淀川となる。今回紹介する京都市左京区から右京区京北地区の流域にかけては、行政上の表記は「桂川」だが、一般的には「上桂川」と呼ばれている。

　上桂川といえば、アユをイメージされる釣り人が多いと思うが、アマゴの放流も稚魚2万2000尾（稚魚・成魚）、発眼卵5万粒（ともに2019年度）と盛んだ。渓相も上流に行くと水の透明度も増し、川幅もぐっと狭まり、渓谷の顔になる。

　天然アマゴは、河川全域で楽しめるが、支流の弓削川上流と小塩川上流に発眼卵を放流し、自然ふ化した美しいアマゴを楽しめるようにアマゴ限定保護区とし、ここでは釣った魚のリリース協力を呼びかけている。また、この区間は「上桂川を守る会」によって「昔の河川環境を復活させよう！」という趣旨の活動が行なわれている（発眼卵放流もその一環）。

●成魚放流魚を釣るコツ

　まず、成魚放流のアマゴをねらうなら、花背地区から広河原までの区間が集中放流地区となっており、解禁日と翌週、翌々週と3回の放流が行なわれるため、その度に釣果が楽しめる。

　ただし、上桂川のアマゴは成魚放流でも魚体が美しく、放流後の群れアマゴでさえも探すのが難しい。発見できればとりあえずは爆釣も期待できるが、問題はそこから。流れに残った警戒心の強い個体、食い気のない個体にどうやって口を使わせるかだ。私の場合、反応する水深、エサの種類、エサを流すコースを探るようにしている。

まずは水深。底・中層・表層と分けて探ってみる。次にエサ。天然、放流にかかわらずイクラ、ブドウ虫、キギを用意し、ローテーションしながら食いのよいエサを探していく。

そしてエサを流すコースだが、これが一番難しい。まずは通常どおり魚より上流から流し、反応がなければもう少し上流から長い時間流してみる。それでも口を使わない場合は、魚の真上に落とし、反射食いをねらってみる。

それでも食わない時は流しながらエサを上下にフワフワとシャクってみる。これも反射食いねらいで、この方法だと大抵のアマゴは反応してくれる。

放流魚ねらいでも、何も考えずに釣るのでなく、さまざまなパターンを探れば釣果も倍増するはずだ。

information

●河川名　淀川水系上桂川
●釣り場位置　京都府京都市
●主な対象魚　アマゴ
●解禁期間　3月10日～9月30日
●遊漁料　日釣券2000円・年券5200円
●管轄漁協　上桂川漁業協同組合（Tel075-852-0134）
●最寄の遊漁券発売所　トラウトタウン（Tel075-746-7798）、茶店はしもと（Tel075-746-0073）、ファミリーマート京北周山町店（Tel075-852-5230）
●交通　京都縦貫自動車道・八木東ICよりR477、県道38号で上流の各ポイントへ

灰屋川合流の下流側は、意外に魚が残るので尺近い魚体も手にできる。また灰屋川合流下に堰があり、そこから落ちた魚が黒田地区で大型化するのでねらいめだ。

交流の森付近の流れはポイントにも変化があり、一番大きな淵（大淵）がある。アユのポイントとしても人気が高いが、放流後のアマゴが群れることもあるのでチェックしてみたい。

交流の森にはトイレもあり、川へも降りやすい。夏場にはバーベキューも楽しめるので、子供連れにもオススメのポイントだ。

●天然魚をねらうには

天然アマゴの釣り場（稚魚放流エリア）としては、支流の能見川をおすすめしたい。京都の街中からは車で約1時間半の場所にある谷川だ。とはいえ高低差の少ない舗装道路の横を川が走

能見川合流点から 100m ほど上流のポイント。魚が溜まりやすい

淵などの水深のある流れは放流アマゴが群れやすい

能見川合流点からすぐのポイント。上流にある堰堤もねらいめだ（能見川）

り、道路脇に釣り場があるといった感じで、入川はやさしい。アマゴはずっと上流までいる。

流れは広くても5mあるかないかの川幅で、周囲の杉林の枝が流れに張り出しているところも多い。

流れは全体に浅いが上流域だけあって大きな石もあり、特にシーズン初期はその石裏の深みなどにアマゴが潜みやすい。雪代はあまり入ることがない。解禁当初の水温は低めだが安定しており、魚がヘチに出てくるのも早い。

梅雨時期など降雨に対しては、川幅が狭いためすぐに1mくらい増水するが、引くのも早く翌日には釣りができることが多い。

エサは初期はイクラ、5月以降はキヂやキンパクなどの虫エサがよくなる。キンパクは谷でもとれる。

入川場所は、本流合流点から200～300mまでは入りやすい。そのあたりに稚魚も濃密放流している。川幅も上流域よりは少し広い。流れが道に接しているので駐車スペース、入渓点は多い。

能見川は、解禁から5月いっぱい、アユ釣りが始まるまでがいい。それ以後は渇水になり食いが渋くなる。また本流上流部にはキャッチ&リリース区間もあり、能見川よりも狭い印象だが渓相はよい。フライやルアーの釣り人に人気のようだ。

（服部・廣庭）

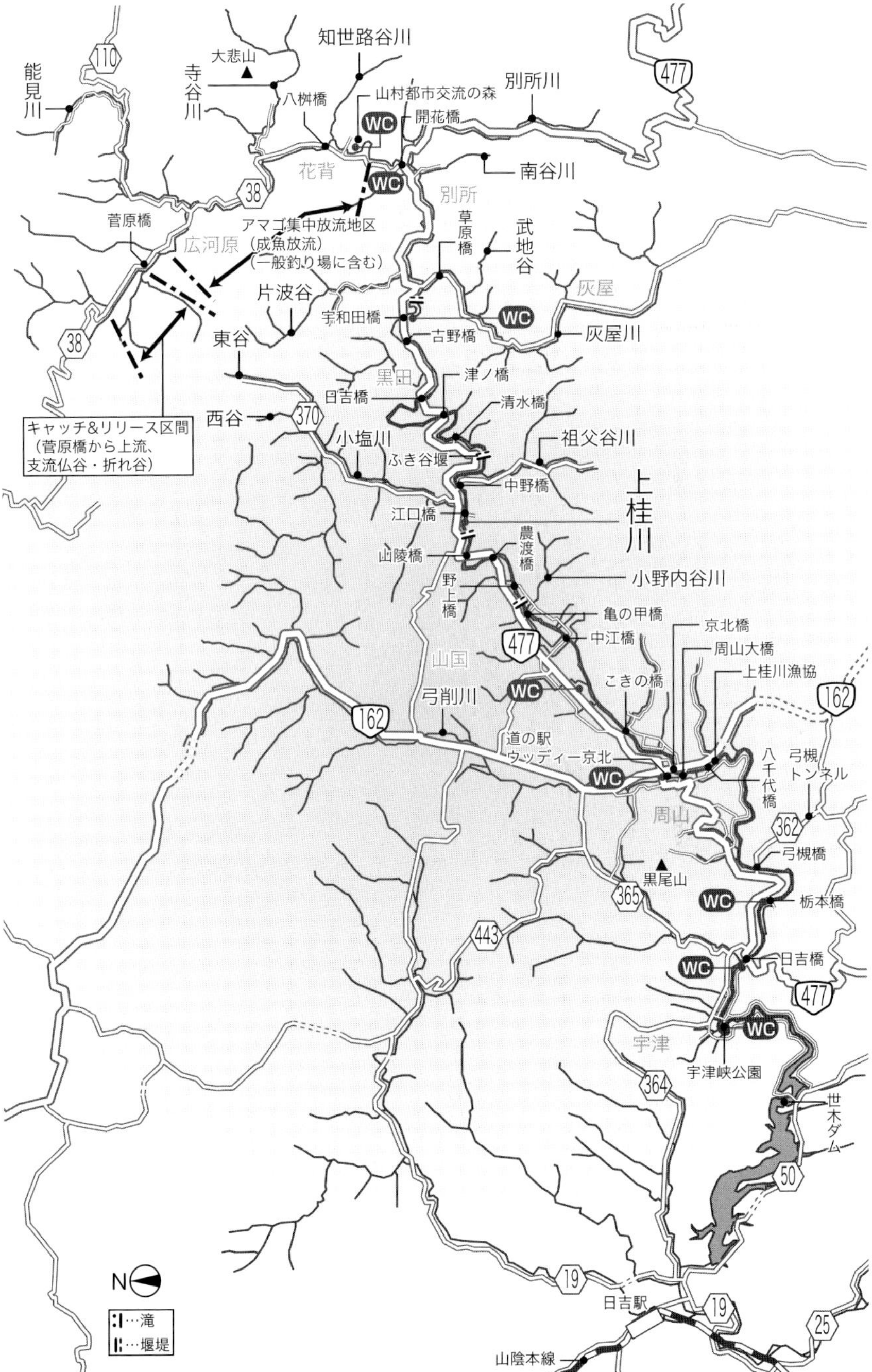

知世路谷川
大悲山
寺谷川
能見川
110
八桝橋
山村都市交流の森
開花橋
別所川
477
WC
花背
南谷川
別所
38
菅原橋
アマゴ集中放流地区
（成魚放流）
（一般釣り場に含む）
広河原
草原橋
武地谷
灰屋
片波谷
宇和田橋
古野橋
灰屋川
東谷
黒田
津ノ橋
日吉橋
清水橋
西谷
370
小塩川
祖父谷川
ふき谷堰
キャッチ&リリース区間
（菅原橋から上流、
支流仏谷・折れ谷）
中野橋
上桂川
江口橋
山陵橋
農渡橋
小野内谷川
野上橋
亀の甲橋
中江橋
京北橋
周山大橋
山国
こきの橋
上桂川漁協
弓削川
162
道の駅
ウッディー京北
八千代橋
弓槻トンネル
周山
362
弓槻橋
黒尾山
365
栃本橋
443
日吉橋
宇津
宇津峡公園
364
世木ダム
50
N
…滝
…堰堤
19
日吉駅
25
山陰本線

淀川水系

賀《か》茂《も》川（鴨川）

京都市街からのアクセスもよい佳渓群
きめ細やかな放流で魚影多くビギナーにもやさしい流れ

貴船川・貴船駅より近い梶取橋上流の流れ。穏やかで釣りやすい

　鴨川は淀川水系桂川の支流で、世界有数の観光都市古都・京都の中心を北から南に流れる一級河川。水源の桟敷ヶ岳から起点の桂川合流点まで31kmあり、主な支流に高野川、貴船川、鞍馬川、静原川がある。支流を併せた総延長は100kmに近い。賀茂大橋が架かる高野川との合流以遠の本流は賀茂川とも表記されることから、ここでは当該流域を「賀茂川」とする。渓流域は賀茂川では志久呂橋、高野川は花尻橋より上流となり、渓流域が流れの7割程度を占める。

　貴船、鞍馬、八瀬（高野川）までは、大阪からでも電車で1時間半もあれば到着できるアクセスのよさで、車でも源流付近まで林道が沿う流れが多く、京都市街から行程も40分程度。道路から川までの高低差が少ないことから、大半の場所では大変入渓しやすく、ビギナーからベテランまで、女性や子供でも楽しめる渓だ。

三条から下流の「鴨川」は、京都の人の憩いの流れでもある

●放流状況について

　賀茂川漁協の管理区域は鴨川起点より約2km上流にある小枝橋より上流全域。市街地では堰堤の多い流れだが、平成23年度より、「京の川の恵みを活かす会」（市民団体）などの協力もあり、仮設魚道の設置などを行ない、現

在では多くのアユや、数は少ないもののサツキマスの遡上も出町柳付近まで見られるようになった。

特に渓流域より下流域では雑魚券（2000円）でサツキマスや、渓流域から落ちて大きくなったアマゴやニジマスがねらえるため、大型をねらいたいルアーやフライの方には見逃せないエリアとなっている。

賀茂川漁協は平成25年度より組合体制を一新し、翌年度のため秋の成魚放流を11月に行ない、平成26年度以降は、源流域にアマゴの発眼卵放流、平成27年度以降はイワナの発眼卵放流も行なっている。

平成25年以前の成魚放流はアマゴ300kgのみだったが、平成30年度の実績ではアマゴ550kg、ニジマス120kg、イワナ90kg（合計760kg）と大幅に増加。発眼卵はアマゴ6万粒・イワナ2万粒を放流し、魚種により放流エリアを分けるなどの努力により、現在は源流域で天然ものと変わらない美しい魚に出会え、尺を超えるイワナの釣果も聞かれている。

平成27年度からは、源流のイワナ区域と下流のアマゴ区域に分け、イワナ区域の解禁を2週間ほど遅らせることにより成魚放流エリア、秋放流&発眼卵&天然ものエリアと、解禁が2回楽しめる。その後の追加放流も行なわれるため、魚影の多さからシーズンを通じて釣果を得られるようになった。漁協では31年度以降もさらなる放流量を増やす予定という。

information

●河川名　淀川水系桂川支流賀茂川
●釣り場位置　京都府京都市
●主な対象魚　アマゴ、イワナ、ニジマス
●解禁期間　3月3日（イワナ域は17日）～9月30日
●遊漁料　日釣券2500円・年券5000円
●管轄漁協　賀茂川漁業協同組合（Tel075-495-3112）
●最寄の遊漁券発売所　賀茂川漁業協同組合（賀茂川 Tel075-495-3112）、油屋食堂（鞍馬 Tel075-741-2009）、里の駅大原（大原 Tel075-744-4321）
●交通　名神高速道・京都東ICよりR1、367、府道38号を北上して各釣り場へ

●賀茂川本流・上流雲ケ畑エリア

志久呂橋より上流のエリア。出会橋より上流がイワナ区域、下流がアマゴ区域となっている。エリアの大半が山間部となり、バスが1日2本しかなく公共交通の便は悪いので、車での釣行がおすすめ。

出会橋から上流は中津川、祖父谷川となり流程も長く、賀茂川漁協管内では最も変化に富んだ渓相が楽しめる。

賀茂川・渓流区域最下流の柊野堰堤。放流は行なっていないが、例年下ってきた大型が釣れるポイント

高野川・大原三千院から少し下流、田園の中を流れる里川の渓相ながら良型が期待できる

アマゴ区域は8㎞ほどで、雲ケ畑にある発電用の大岩取水堰堤より上流の出合橋（約4㎞）までが濃密放流エリア。30㎝程度のニジマスも多数放流するのでルアー、テンカラ、フライの人にも人気が高い。

祖父谷川は流程5㎞ほどで、下流の雲ケ畑の集落を過ぎると勾配がきつくなり、川幅も2～4ｍと狭まる。流れは変化が大きく岩盤や大岩のある場所が点在するので、思わぬ大型と出会える可能性が高い。

中津川は流程3㎞ほど。こちらも変化のある渓相ながら、祖父谷川よりは入渓しやすい流れだ。発眼卵の歩留まりがよく型、数ともに安定感のあるエリア。サオは3～5ｍがおすすめ。

●高野川エリア

賀茂川最大の支流で起点から源流まで約20㎞あり、R367沿いを流れている。渓流エリアは花尻橋から上流約16㎞の区間。新伊香立橋より上流がイワナ区域で、それより下流は人気観光スポットの大原三千院の足元を流れる里川となり、全体的に変化の少ない開けた渓相となる。

特におすすめポイントは八瀬比叡山口駅前で、現地に駐車場はないが、出町柳駅より叡山電鉄で14分と電車でのアクセスが大変よく、駅を降りた目の前が公園として整備され、まるで自然河川を利用した釣り堀のようなロケーション。賀茂川漁協管内では高齢者や子供でも安全に釣れる場所となっている。ニジマスの放流もあり釣果も期待できる。サオは4～7ｍがおすすめ。

大原地区には京都バスでのアクセスはよいが、駐車スペースと入渓点も少なく、開けた環境のためカワウの飛来が多い。そのため成魚放流の歩留まりが悪く、一部解禁前の成魚放流が行なわれていない。

釣れる魚は発眼卵放流が主流のため

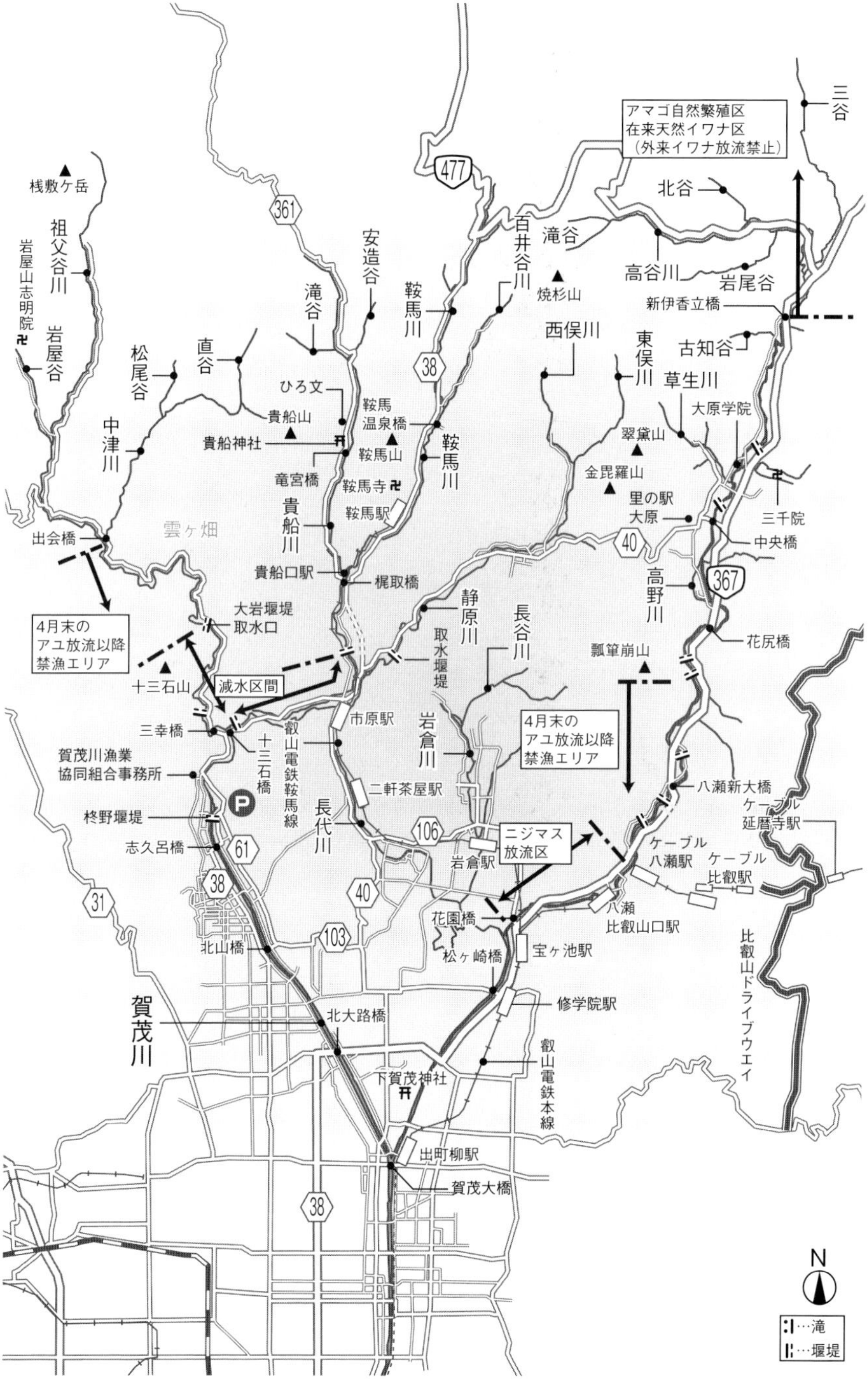

アマゴ自然繁殖区
在来天然イワナ区
（外来イワナ放流禁止）
三谷
北谷
滝谷
高谷川
岩尾谷
百井谷川
焼杉山
新伊香立橋
古知谷
西俣川
東俣川
草生川
大原学院
翠黛山
金毘羅山
三千院
里の駅
大原
中央橋
高野川
花尻橋
瓢箪崩山
4月末の
アユ放流以降
禁漁エリア
八瀬新大橋
ケーブル
延暦寺駅
ケーブル
八瀬駅
ケーブル
比叡駅
八瀬
比叡山口駅
比叡山ドライブウエイ
ニジマス
放流区
宝ヶ池駅
花園橋
松ヶ崎橋
修学院駅
叡山電鉄本線
岩倉駅
岩倉川
長谷川
静原川
取水堰堤
市原駅
二軒茶屋駅
長代川
叡山電鉄鞍馬線
477
361
38
40
367
106
61
31
103
桟敷ケ岳
祖父谷川
岩屋山志明院
岩屋谷
松尾谷
直谷
中津川
安造谷
滝谷
鞍馬川
ひろ文
貴船山
鞍馬
温泉橋
貴船神社
鞍馬山
竜宮橋
鞍馬寺
鞍馬駅
鞍馬川
貴船川
雲ヶ畑
出会橋
貴船口駅
梶取橋
大岩堰堤
取水口
4月末の
アユ放流以降
禁漁エリア
十三石山
減水区間
三幸橋
十三石橋
賀茂川漁業
協同組合事務所
P
柊野堰堤
志久呂橋
北山橋
賀茂川
北大路橋
下賀茂神社
出町柳駅
賀茂大橋
N
…滝
…堰堤

高野川・八瀬比叡山口駅前の流れ。河川公園に整備されているが変化に富み、足元もよく大人気のポイントだ

数は出ないものの、ヒレピンの思わぬ良型との出会いがあるエリアとなっている。サオは6～7mの長めがおすすめだ。

イワナ区域は約5㎞で、勾配はそれなりにあるものの、岩盤と砂利が多く、渓に降りやすい場所も多く、遡行もしやすい渓相。大型は期待薄だが、小型の密度が高く、数は伸びるエリアだ。サオは3～5mがおすすめ。

●貴船川・鞍馬川・静原川エリア

貴船川、鞍馬川ともに、貴船神社や鞍馬寺と人気の観光地を流れているので、電車でのアクセスも至便。渓相も変化に富んでおり、両渓とも放流が濃密に行なわれているので人気のポイントとなっている。

貴船川は竜宮橋より上流がイワナ区域で貴船口駅より約3㎞となる。下流の旅館街では6月頃から貴船名物・川床が始まるために、一部釣り不可となるが、床の下に潜んでいる魚が大きく育ち、増水時には下った良型が期待できる。また残った魚は翌年の解禁に釣れるなど数、型とも安定して釣れ続く1級ポイント。

　問題があるとすれば、道路と流れが隣接しているため、釣っていると観光客に度々声を掛けられることだ。

貴船川・ひろ文裏、料理旅館の並ぶ貴船らしい景色のポイント

　イワナ区域は1km程度と短いものの、急勾配で変化もあり数、型ともに期待できる。
　鞍馬川は鞍馬温泉橋より上流がイワナ区域で、貴船口駅より約2km。こちらも流れに変化があり数、型ともにねらえる。道路と渓は近いものの、ほぼ護岸に挟まれて川に降りる場所が少なく、土手もほとんどないので、どちらかといえばベテラン向き。

貴船川・貴船奥宮に架かる竜宮橋から上流がイワナ区域となる

　イワナ区域は5kmほどで、鞍馬川のメインポイントだ。源流まではバスも通る道が沿い、バスでの釣行も可能だ。勾配はそれなりにあるものの、道路と渓は近い場所が多く、流れも穏やかで魚影も多いことから、ビギナーでも手軽に源流釣りが楽しめる。
　静原川は鞍馬川の支流で、東俣川と西俣川出合より上流がイワナ区域となる。現在成魚放流は行なっておらず、発眼卵放流のみ。下流と西俣川での歩留まりが悪いようだ。
　そのため、静原の集落を越えた上流からイワナ区域となる東俣川がおすすめだ。勾配も緩く、歩きやすい渓相ながら魚影も多い。川沿いの林道が狭いので、車の場合は手前に停めて釣行するとよい。サオは3河川ともに3～5mが釣りやすい。
（澤）

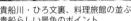

矢田川水系

矢《や》田《だ》川

雪深い小代、久須部、熊波の3大渓谷を縫う流れ
泊まりでじっくり自然・温泉・宿の魅力を味わいたい

日本海に注ぐ矢田川。その源流域にはイワナが、渓流域の深場のポイントにはヤマメの良型が潜む。雪化粧した山々と澄み切った空気に包まれた流れは、渓流ファンにはたまらないスリルと春の訪れの感動を与えてくれる。

上流部には小代、久須部、熊波の3大渓谷を有し、さらに入江ダム下流の支流になる山田川、和佐父川の上流には小城渓谷、射添《いそう》渓谷が控える。下流

ワイルドな面構えのイワナも手にできる

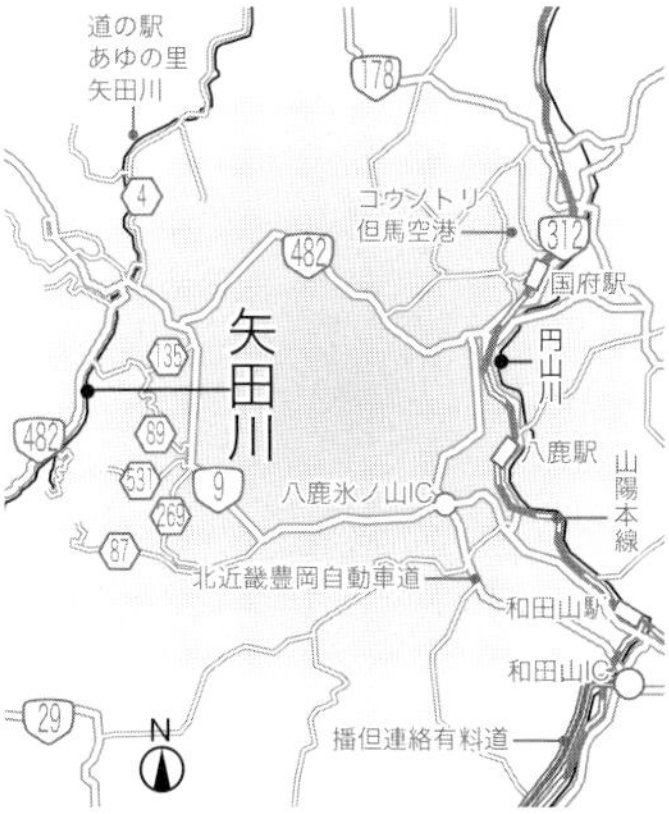

information

●河川名　矢田川
●釣り場位置　兵庫県美方郡香美町
●主な対象魚　ヤマメ、イワナ
●解禁期間　3月1日～9月30日
●遊漁料　日釣券3000円・年券1万円
●管轄漁協　矢田川漁業協同組合（Tel0796-80-1146）
●最寄の遊漁券発売所　スタディーK（Tel0796-99-5200）、道の駅あゆの里矢田川（Tel0796-95-1369）
●交通　北近畿豊岡自動車道・氷ノ山ICよりR9、県道89、R482を経由して矢田川へ

小代渓谷の中流部に架かるおおつち橋

部の香住地区、油良橋エリア（香住IC付近）では、毎年サクラマスの遡上をねらって訪れる釣り人も多い。

例年3月1日が渓流の解禁だが、上流部の3大渓谷には隣接するスキー場があるため除雪道路事情もすこぶるよく、入渓しやすい条件が整っている。

●釣り場となる3大渓谷

渓流釣りエリアのおすすめは、上流部の3大渓谷。下流側に位置する熊波渓谷から紹介しよう。

水量が安定し、渓相も穏やかなこのエリアは、小河川ながら河原が発達しており6～7mのサオでもOKだ。ゆっくりと下流から釣り上がり、次々に現われる深場にはヤマメが潜んでいる。河畔にススキやネコヤナギが生い茂る渓相と、後方にそびえ立つ雪化粧の蘇武岳連峰、冬景色の名残を見せる早春の情景は素晴らしい。

上流部は民家が点在するが、道沿い

小代渓谷下流部。堰堤が続く茅野大橋上流

熊波渓谷・長坂橋より上流 300m 地点。
ほどよい川幅の流れが続く

の駐車スペースも多く、フキノトウを目印に河原へと入渓道が続いている。

久須部渓谷は川幅が狭く、岩盤エリアが多いのが特徴。上流部には「おじろスキー場」が隣接し、5・2mまでのズームザオを生かしての源流スタイルの釣りとなる。

深場の落ち込みの白泡や巻き返しにはイワナが潜みサオ先を引き込んでくれる。また、下流部の2ヵ所の堰堤には幅広の良型ヤマメがひと雨ごとにストックされ、アタリが連発するので楽しい。

●堰堤の続く流れ

最上流部にある小代渓谷は、秋岡地区から上流に1・5㎞ほど続いている。渓谷下流部は「ミカタ・スノーパーク」入口にある茅野大橋より堰堤（魚道あり）が連続する流れが続くので、堰堤を意識した釣りとなる。

堰堤下の深みなど、エサをナチュラ

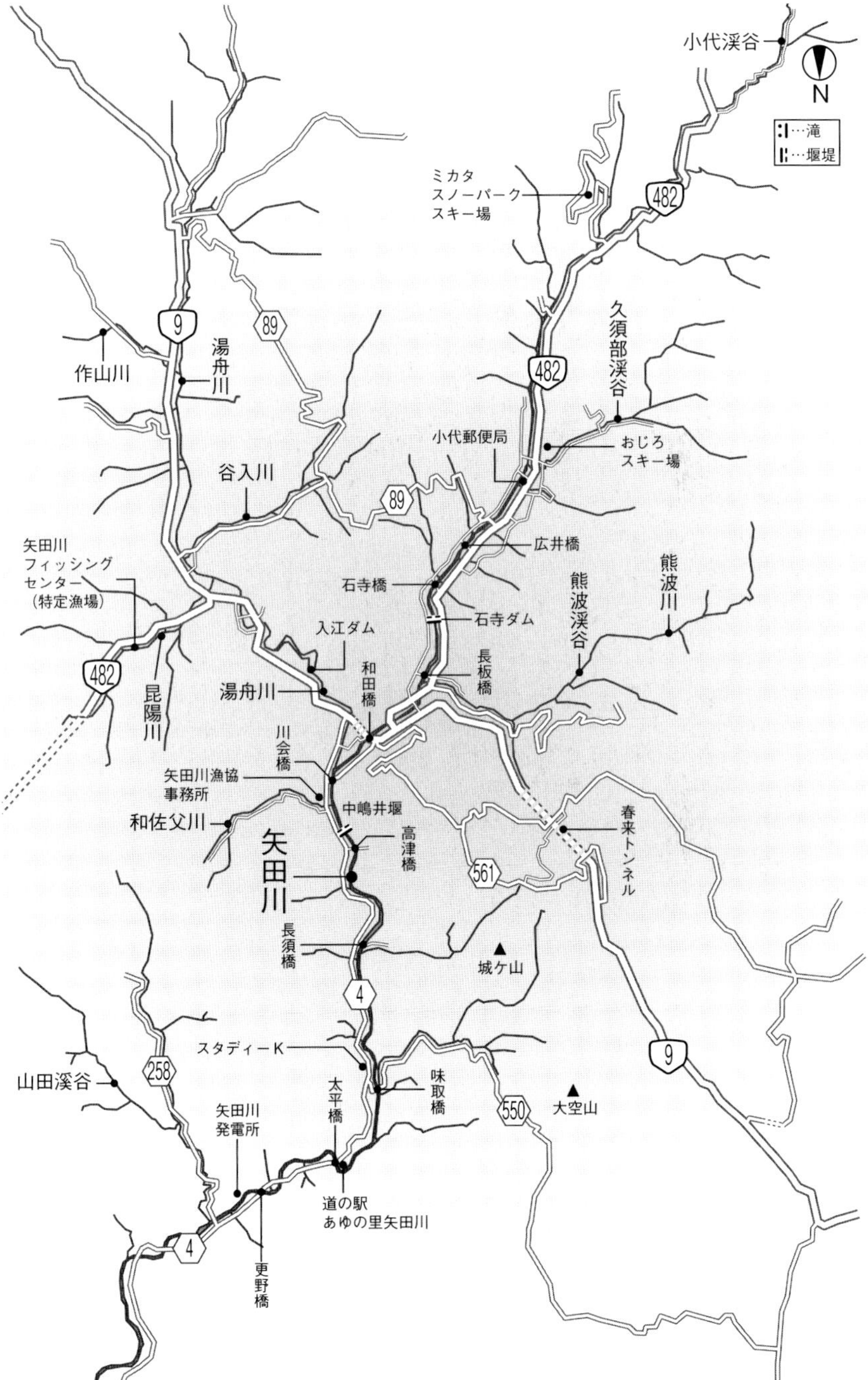
小代渓谷
N
…滝
…堰堤
ミカタ
スノーパーク
スキー場
482
9
89
作山川
湯舟川
久須部渓谷
小代郵便局
おじろ
スキー場
谷入川
広井橋
矢田川
フィッシング
センター
（特定漁場）
石寺橋
熊波川
熊波渓谷
石寺ダム
入江ダム
和田橋
長板橋
湯舟川
昆陽川
川会橋
矢田川漁協
事務所
中嶋井堰
和佐父川
春来トンネル
矢田川
高津橋
561
長須橋
城ケ山
4
スタディーK
258
山田渓谷
味取橋
太平橋
550
大空山
矢田川
発電所
道の駅
あゆの里矢田川
更野橋

熊波渓谷・長坂橋より上流 100m 地点。
岩盤の深場が続く

久須部渓谷・おさがわ橋より上流 400m 地点。
落ち込みの連続する流れ

ルに流してヤマメをねらえば良型が期待に応えてくれる。

中流部の全但バス秋岡バス停の前後は、川幅も充分にあり6～7mザオが有利であるが、上流部は源流釣りスタイルとなるため適応度の高いズームザオが無難。

また、例年4月上旬には開通する大堰堤からの林道は、道路幅も狭く3月現在はまだ路上除雪のため通行禁止になっているが、開通すればサビの取れたイワナが歓迎してくれるだろう。私もこれを楽しみにしている。

最上流部の小橋の架かる場所より先は、荒々しい大岩の渓相が続き、サビの取れかかったイワナが顔を見せてくれる。釣行の際は、現地で川虫も採集できるが、イワナねらいにキヂ、良型ヤマメねらいにブドウ虫の携帯を忘れないようにしたい。また、最上流部ではクマやサル、シカなどの出没が多く要注意。

5月に入ると田植えが始まり、本流筋には濁りが入るが、3大渓谷は澄み切った水が勢いよく流れているので安心。ここは渓魚のみならずイタドリ、ワラビ、ミズブキ、ゼンマイ、タラの芽など山菜の宝庫でもある。

最後に、上流部の秋岡地区には釣りの疲れを癒してくれる「ふれあい温泉・おじろん」があり、「よ～きんさったの～お！」と、おもてなしの但馬弁を耳にすることができる。宿泊も地元民宿がおすすめ。温かみのあるもてなしが期待できる。そんな魅力ある北但馬の清流・矢田川を訪れてみてはいかがだろう。

（森正彦）

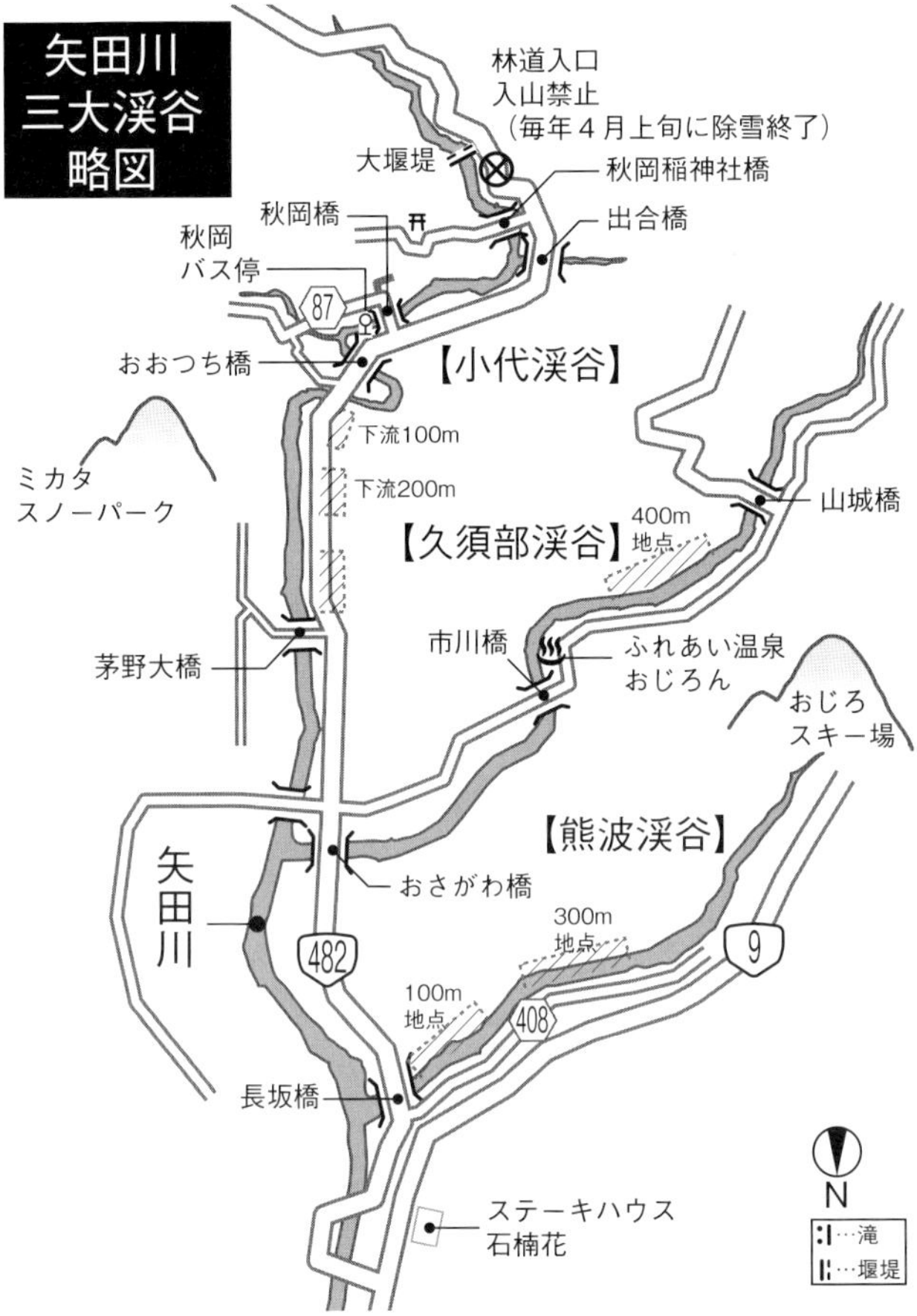

石楠花。柴山港水揚げのブランドガニのフルコースや本場但馬牛の料理が楽しめる

ふれあい温泉おじろん。多彩な湯が楽しめる天然温泉

揖保川水系

揖《い》保《ぼ》川

「大アユの釣れる川」は渓魚の魚影も多い好渓流 主な釣り場は三方川と引原川。変化に富んだ流れが楽しめる

引原川ダム上の流れ。好ポイントが点在する

揖保川は兵庫県の藤無山を水源とし播磨灘に注ぐ全長69・7kmの一級河川。「大アユの釣れる川」として有名であるが、渓魚の魚影も多い。

揖保川上流域は三方川と引原川に分かれており、宍粟《しそう》市一宮町で合流している。三方川、引原川そして本流域にも複数の支流がある。釣れる渓魚はアマゴが主で源流域ではイワナが混じり、ニジマスの成魚放流も行なわれている。近年はサツキマスの遡上も増えている。

漁協は、毎年解禁日及び4月下旬に開催される渓流魚釣り大会前日にアマゴ、ニジマスの成魚放流を実施している。また2017年からは発眼卵放流を20万粒実施。遊漁期間についても、2019年から3月1日~8月31日までに変更し、自然繁殖による渓魚の増殖にも取り組んでいる。

主な釣り場となるのは三方川、引原川及び両河川の支流である。川相は支流により多少異なるが、どの支流も比較的大岩が多く、変化に富んでいる。

●大型の放流魚も人気

成魚放流をねらう場合は、ポイント選びが重要になる。放流場所は三方川、引原川のサオ釣り専用区で、例年漁協のホームページに記載される。放流されるサイズも30cm超の大ものが多いこともあり、人気が高く、解禁日には釣り人が集中する。エサは成魚放流であるためイクラがよく、食いが落ちた時のためにブドウ虫も持参したい。

解禁初期に天然アマゴをねらう場合は支流がよい。3月上旬の支流は雪が

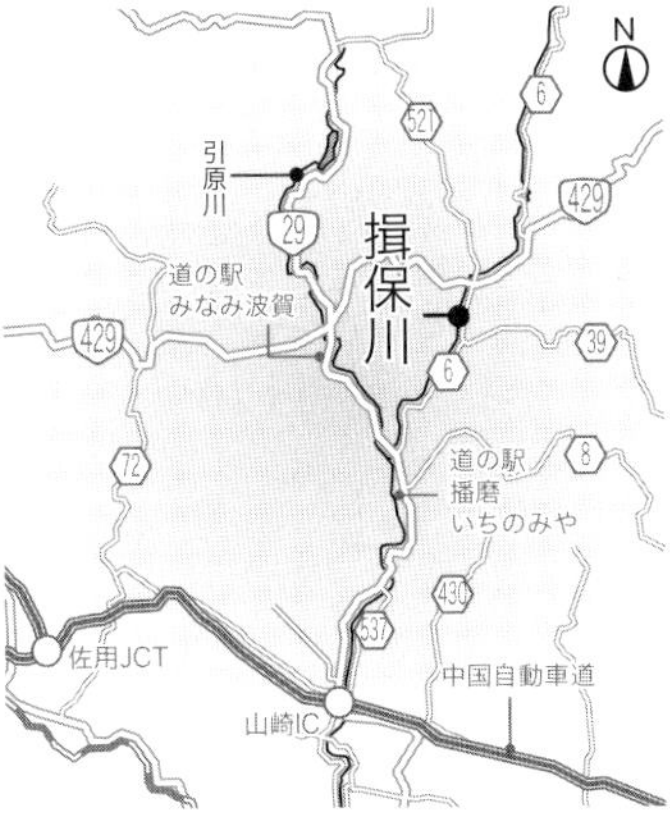

引原川の中流域となる
原地区の流れ

残っている所が多いため注意が必要。引原川に比べ三方川のほうが雪は少なく、水温の上昇が早い傾向にある。エサはキンパク、イクラへの反応がよい。

例年桜が咲く頃には、水温が上昇し、三方川・引原川本流でも釣れ始める。この頃からヒラタが採取できる。ヒラタの採取は、支流の染河内川がおすすめ。ゴールデンウイーク頃からは、浅瀬などで活発にエサを追うようになりベストシーズンを迎える。この頃から本流域で30cm以上の大型もねらえる。

本流域で釣る場合は、クロカワ虫、キヂがよい。アユ釣りの解禁を迎えると、本流域にはアユ釣りの人が多く入川するため、支流へ釣行することをおすすめする。夏本番を迎えると渇水に陥りやすく、増水後がよい。

●フラットな三方川、メリハリの福知川

三方川でおすすめの釣り場は三方川上流域と支流の福知川である。三方川上流域は揖保川の中では比較的フラットな流れが多いが、所々に淵や堰堤があり、そこがねらいめ。初期には魚が溜まっていることが多く、カケアガリで連発することも多い。主要道路（県道6号線）の側を流れていることもあり、エントリーしやすい。

福知川沿いは福知渓谷と呼ばれており、岩盤と大岩で構成されたポイントが多く、魚影も多い。県道6号線を北上し、下三方郵便局を越え200mほど行くと福知渓谷と書かれた案内標識

information

●河川名　揖保川
●釣り場位置　兵庫県宍粟市
●主な対象魚　アマゴ（サツキマス）、イワナ、ニジマス
●解禁期間　3月1日～8月31日
●遊漁料　日釣券2600円・年券7200円
●管轄漁協　揖保川漁業協同組合（Tel0790-62-6633）
●最寄の遊漁券発売所　高井釣具店（Tel0790-62-2334）、小国釣具店（Tel0790-72-0020）
●交通　中国自動車道・山崎ICよりR29を北上して各ポイントへ

揖保川の支流となる福知渓谷。岩盤と大岩で構成された流れ

引原川の中流域、道の駅「みなみ波賀」裏を流下する

揖保川水系で釣れたアマゴたち。朱点が美しい

三方川の渓相。比較的フラットな流れが多い

がある。切り立った岩盤も見られ、遡行が困難な個所もある。4月中旬の雨後に大釣りの実績が多い。

●谷は深いが魚影はピカイチ

引原川でおすすめの釣り場は音水渓谷、引原川本流域（波賀町原地区）だ。音水渓谷はR29を北上し、引原ダム手前約1㎞に音水渓谷と書かれた案内標識がある。川沿いの道は舗装されておらず、走行には注意が必要。また、クマの目撃情報もある。

音水渓谷は谷が深く、淵も多く遡行困難だが、魚影の多さはピカイチ。木々が多く、チョウチン釣りで攻略するのがよい。イワナも生息しており、思わぬ大ものに遭遇することもある。

引原川本流域（波賀町原地区）は、R29の市ヶ野大橋下流から原大橋上流までの間に好ポイントが多くある。大場所だけでなく、小場所をていねいに探ることが好釣果のカギ。

最後に、本流域及びサツキマスについて触れておく。本流域では、山崎地区から新宮地区で大型の戻りアマゴの実績が高い。近年はフライフィッシャーにも人気で、ハッチのシーズンにはライズ待ちの釣り人をよく見かける。揖保川下流部には複数の堰堤があり、堰堤下流も釣り可能なため、サツキマスの好ポイントとなっている。例年ゴールデンウイーク頃からサツキマスの声が聞こえ始める。ルアーでねらう釣り人が多く、下流域にある浜田井堰にはシーズンになると毎朝多くの釣り人が訪れ、1日で数尾の釣果を手にする釣り人もいるようだ。（吉田）

千種川水系

千《ち》種《く》川《さ》

ダムのない流れの水は名水百選にも名を連ねる
エントリーしやすい穏やかな渓相は初心者にもおすすめ

千種川は兵庫、岡山、鳥取の3県境に位置する江浪峠を源流とし、兵庫県南西部を流れる中規模（二級）河川である。流程にはダムがなく、水質は名水百選にも選ばれる。

平成21年8月に豪雨災害に見舞われたが、上流部は自然豊かで釣り人を癒《いや》してくれる。県道沿いに川が見えるので、渓相を確かめてから好みのポイントに入渓できるのも魅力だ。渓相としては落差が小さく流れも緩やかで、川幅もさほど広くないので入渓しやすく、初心者にもおすすめの川である。

また、千種川漁協では毎年春先に宍粟市千種町を中心に稚魚放流を行なっており（本流、岩野辺川、志文川）、自然に育まれたきれいな渓魚に出会える。

魚影こそ少なく思われるが、山にこぶしの花が咲き、水温が上がる頃からが本格的な釣りシーズン。本流では20cm前後の型が揃いだし、初夏にはルア

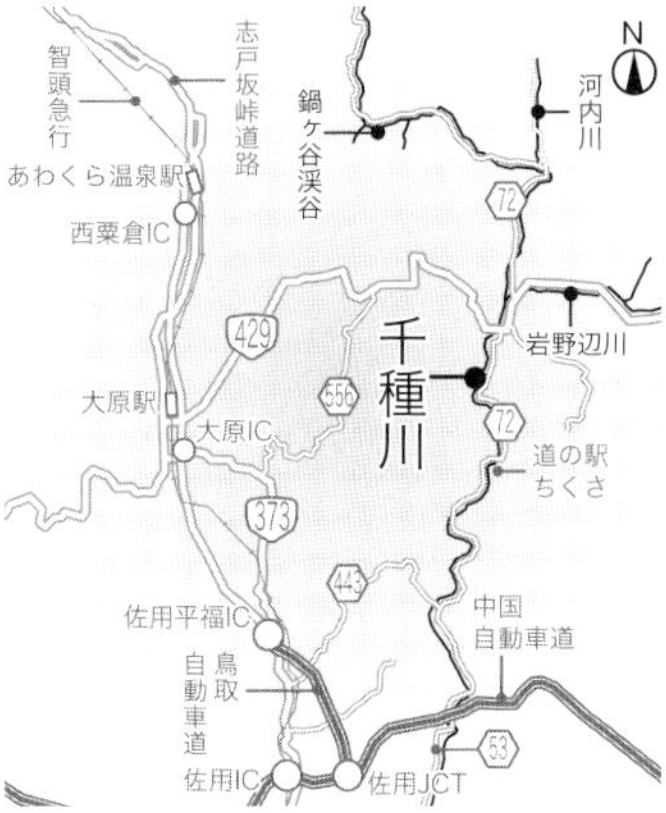

information
●河川名　千種川
●釣り場位置　兵庫県宍粟市
●主な対象魚　アマゴ、イワナ
●解禁期間　3月1日～9月30日
●遊漁料　日釣券2100円・年券6200円
●管轄漁協　千種川漁業協同組合(Tel0791-52-0126)
●最寄の遊漁券発売所　道の駅ちくさ(Tel0790-76-3636)
●交通　鳥取自動車道・大原ICよりR429、県道72号を経て各ポイントへ

松の木橋付近となる千種発電所上流の渓相。尺アマゴも出る

ーフィシングで大ものねらいに入渓する釣り人も多く、尺上も上がっている。

私の使うエサは川虫が主流だが、クロカワ虫は食いが悪いように感じており、通常はキンパクまたはヒラタが多い。

●猪原橋上流・小坂の瀬

「道の駅ちくさ」からが渓流ポイントになる。県道沿いに川が見えるため、入渓しやすい反面、先行者がいると厳しい。県道から離れたポイントは、入渓者も少なく大ものもねらえる。橋上流の堰堤に大石が点在してサオをだしたくなるが、本命は上流200mにある通称・小坂の瀬だ。

蛇行して川幅が絞り込まれ、瀬、淵、深瀬と好ポイントが連続する。ここで釣果が出なければ、もう少し上流まで足を延ばして通称・杉並木まで探ってみるとよい。大型は期待薄だが釣果は望める。

室橋上流は全体的に浅瀬中心の流れとなる

猪原橋より上流を望む。県道に渓が沿うため入渓しやすい

西河内の村内では川幅も狭くなりサオもだしやすい

河内川との合流地点に架かる吊り橋の上流を望む

●室橋上下流

このエリアは川幅も広く5m以上のサオが充分振れる。全体的に浅瀬中心ではあるが、初夏には数釣りも期待できる。

約1km上流に岩野辺川との合流があるので、そこまで釣り上がりたい。小学校裏の岩盤交じりの流れにある棚がねらいめだ。

室橋下流も一見浅瀬に見えるが、堰堤上は大石がゴロゴロとした複雑な流れだ。ていねいに流すと意外に大ものがねらえるポイントでもある。また、堰堤下流のヒラキは川幅が狭く深瀬になっているので静かに探りたい。一見釣りやすいポイントに見えるが、渓魚に警戒されないように注意が必要だ。

●松の木橋付近

千種水力発電所の上流域は、岩盤がえぐれた淵が点在し、いかにも大きなアマゴが潜んでいそうな流れだ。通年、尺ねらいで入渓者も多く、実績もある。松の木橋下流には、今は営業してないフィシングセンターがあり、釣りやすく渓魚の溜まるポイントだ。

松の木橋上流は川幅のある瀬になり、水温が上昇してくる頃からがよい。また、橋を渡ると登山道入り口から板馬見渓谷にさしかかる。狭い両岸は木々に覆われ、落ち込みや小さな滝壺がある。登山者も多く道は整備されているが、谷は深くなるので充分注意してほしい。

●出合橋付近

千種高原のスキー場を目差し川を遡

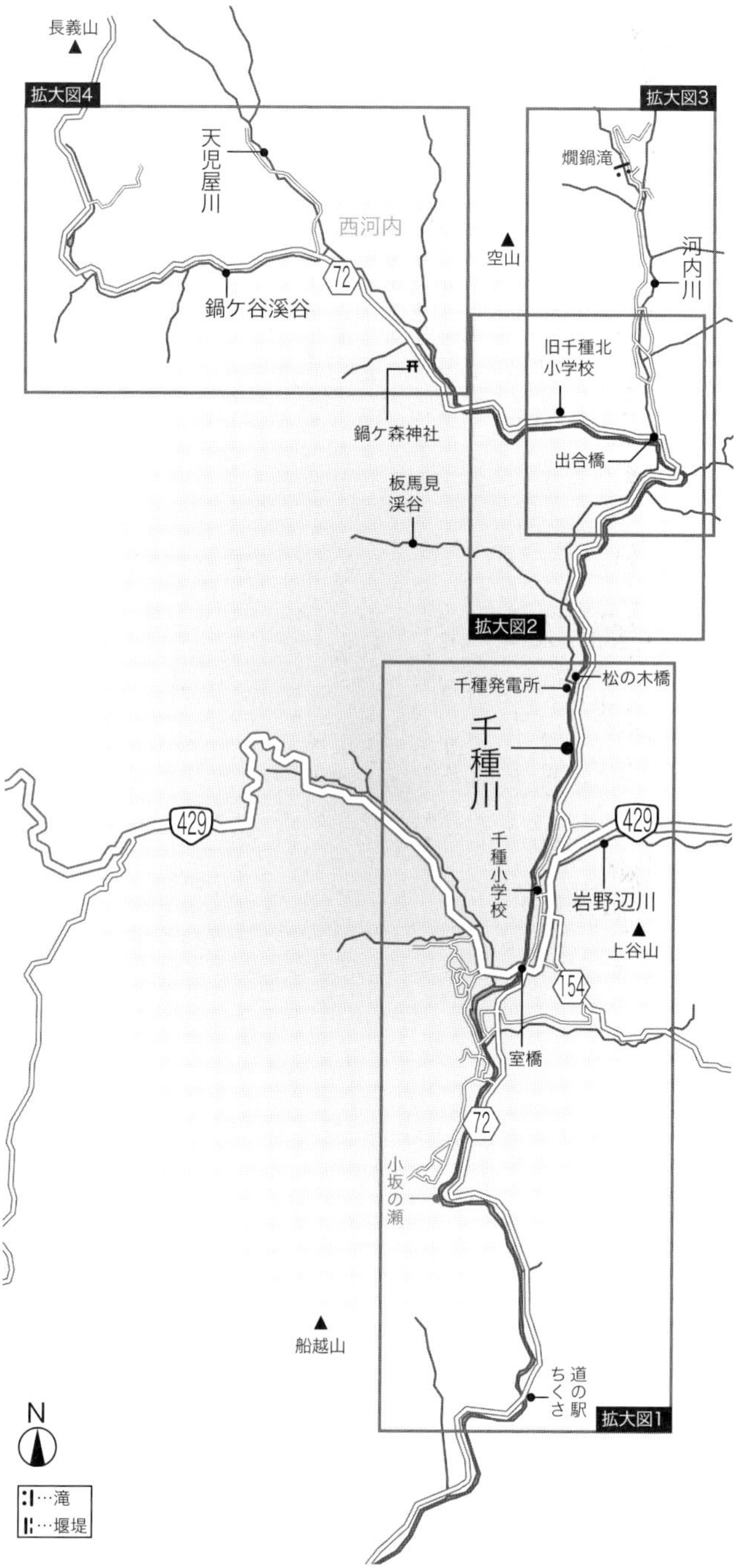

支流の天児屋川の流れ。大岩が点在
し高低差もある

支流の河内川は里川で水量は少ない
がイワナが交じる

ると、河内川との合流地点がある。河内川は里川で水量は少ない。川幅も狭く道からサオをだせるなど釣りやすいが、落差のあるサオが届かないポイントが穴場となる。小型だがアマゴ、イワナ交じりで楽しませてくれる。

また上流部には三室渓谷フィシングセンターがあり、その区間は特定漁場になっているので注意が必要だ。特定漁場を過ぎた上流に燗鍋滝があり、滝上流はイワナ域になる。

本流は出合橋上流に木の吊り橋があり、ここからがポイントとなる。一見、木々に覆われ釣りにくそうだが上流は開けており瀬、淵と好ポイントが続き数も期待できる。ただ旧千種北小学校を過ぎると禁漁区が1kmほどあるので注意してほしい。

●鍋ケ森神社付近

ちくさ高原入口付近から下流は西河内の村中を流れ、川幅も狭くサオがだしやすいので、先行者があると厳しくなる。

村内を過ぎ高原入口付近から源流域となる。チョウチン釣りで仕掛けも太くして大ものに備えておきたい。高原入口を右折すると天児屋川の流れとなる。谷も浅いので足を運んでみるのもよい。

神社を過ぎると早期は積雪も多く水量も豊富となり、大岩が点在し高低差もあるので注意が必要だ。両岸は木々に覆われ男性的な渓相になる。地元では昔からイワナの渓として知られるエリアだ。

（内山）

西河内町に位置する鍋ケ森神社。そ
のすぐ脇を千種川が流下する

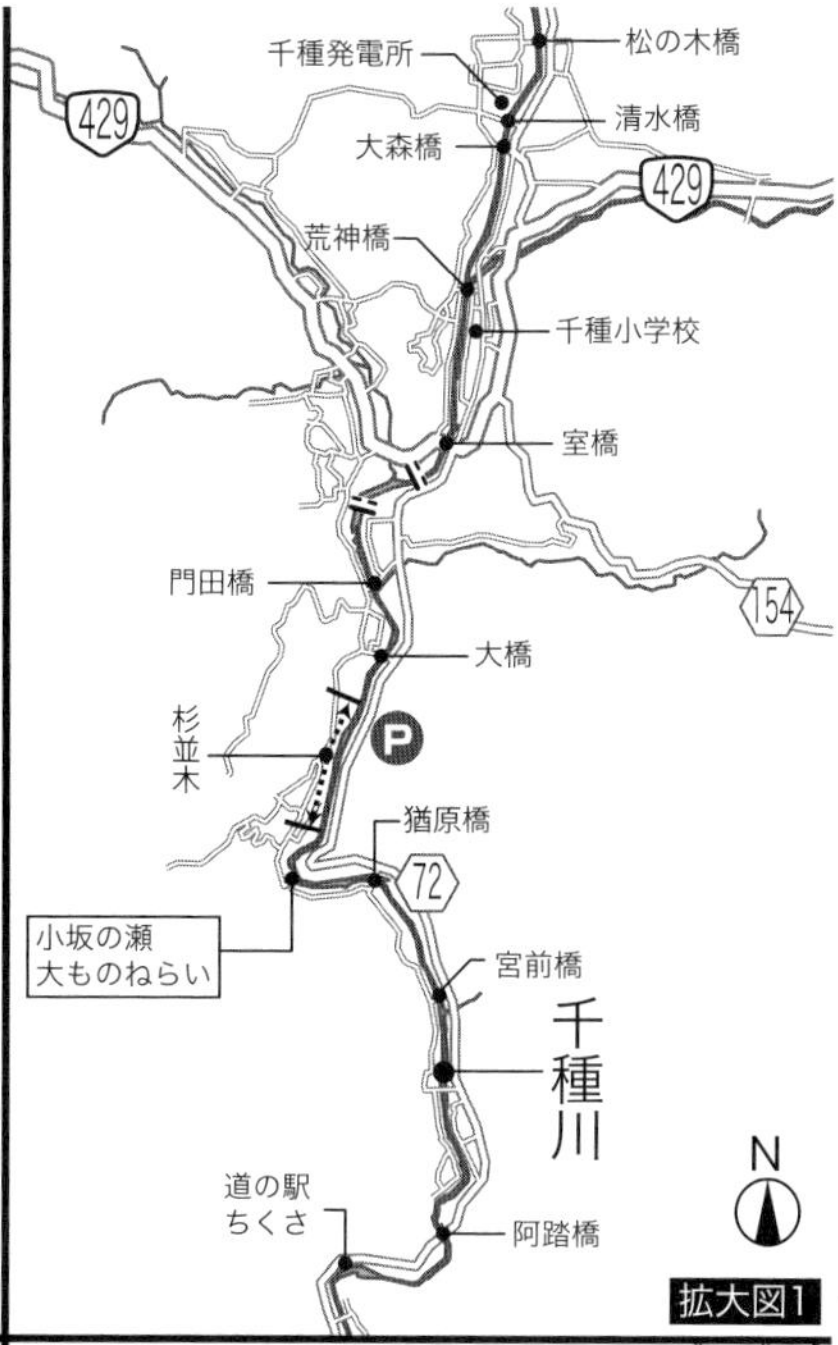
千種発電所
松の木橋
429
清水橋
大森橋
429
荒神橋
千種小学校
室橋
154
門田橋
大橋
杉並木
P
猪原橋
72
小坂の瀬
大ものねらい
宮前橋
千種川
N
道の駅
ちくさ
阿踏橋
拡大図1

※特定漁場ある
禁漁区
旧千種北
小学校
WC
72
神社
河内川
出合橋
吊り橋
千種川
N
板馬見
渓谷
登山道入り口
P
WC
↓松の木橋
拡大図2

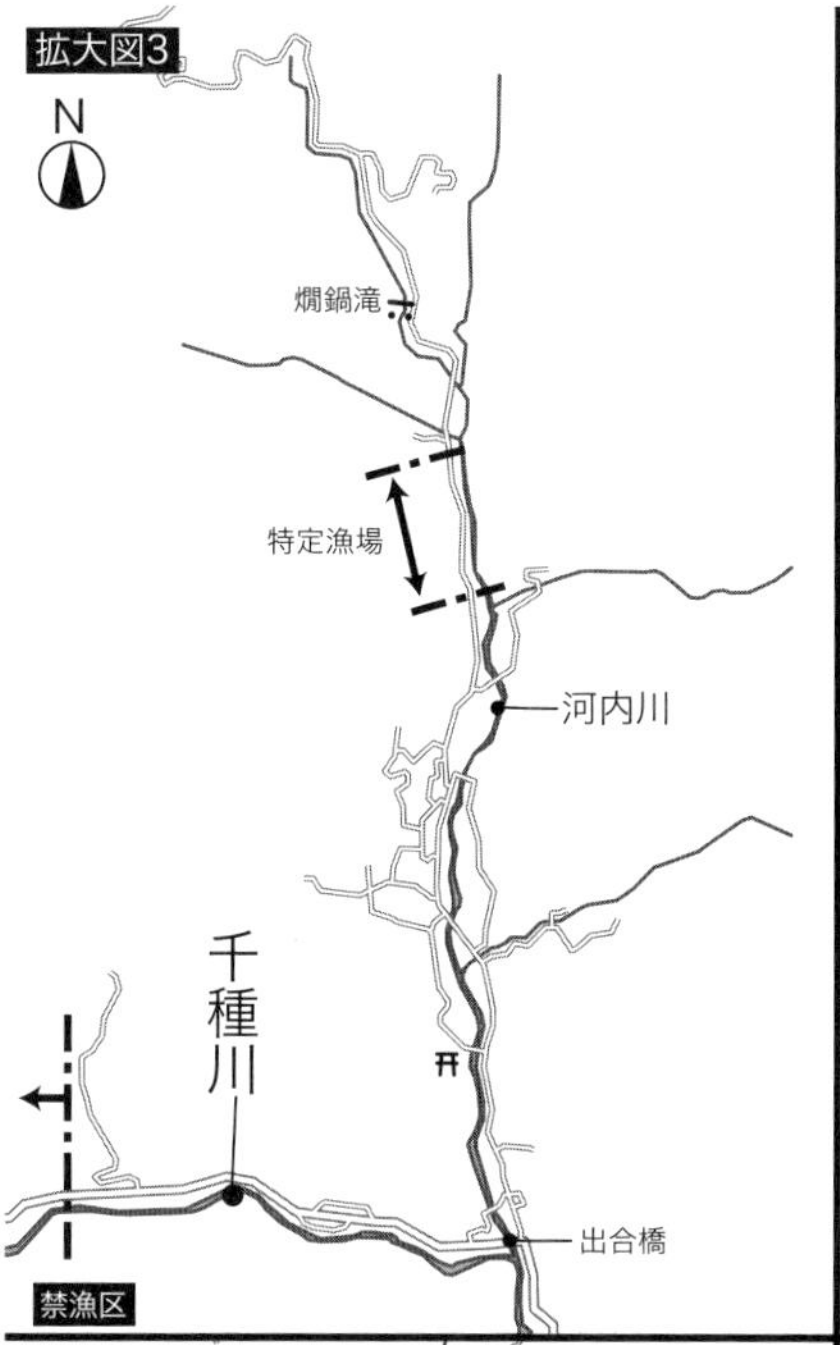
拡大図3
N
燗鍋滝
特定漁場
河内川
千種川
出合橋
禁漁区

72
鍋ケ谷渓谷
天児屋川
鍋ケ森神社
N
千種川
拡大図4

淀川水系名張川支流

神末川《こうずえ》

御杖村内を流下するアプローチしやすい小渓流。放流アマゴ主体だが上流部では天然ものも期待

川合橋下流の流れ。左岸に入渓ポイントがある

紀伊半島内陸部、近畿地方の中南部に位置する緑豊かな御杖村は、奈良県東端に位置する。村内には、名張川の上流となる神末川、菅野川、そして青蓮寺川上流である土屋原川、桃俣川が流れている。ここでは神末川を紹介したい。

●釣りやすい小渓流

三重県境と接する神末地区の室生赤目青山国定公園に指定され、大和伊勢にまたがる標高１２３５ｍ、日本三百名山の一つにも挙げられる三峰山及び新道峠に発する諸流が神末川の源となる。川は神末地区を流れた後、菅野川と合流しアユで名の知れた三重県津市・太郎生《たろお》川、名張市・長瀬川と名称を変え比奈知ダムに注ぐ。淀川水系名張川上流の約５㎞の小河川だ。

３月に入れば奈良県内の各河川も順次解禁を迎えるが、神末地区は標高が５１４ｍあり、関西にあっては珍しく積雪も多く、釣行の際には積雪・防寒対策が必要。水温は年間を通して低く、水量もそれほど多くはない。下流から上流にかけていくつかの堰堤があるものの、比較的楽に釣行できる渓だ。

毎年解禁前には下流から上流まで成魚放流がなされるため、解禁日より１ヵ月ほどは放流魚がメインのターゲット。毎年ゴールデンウイーク前後は水田に取水するため、水量が半分以下に減るので釣りづらくなる。しかし梅雨時期になると水量が回復し、エサとなる川虫や水面を飛ぶカゲロウなどをアマゴたちは捕食するようになり、活性

の高まりにつれ瀬に出てくるベストシーズンを迎える。

お盆を過ぎる頃になると、毎年中下流域ではアユの網漁が行なわれ、アマゴもアユと一緒に捕られていたが、網漁の釣り人や組合員の減少など諸事情でここ数年アユの放流がなくなり、アマゴには住みやすい環境となっている。禁漁間際でも放流魚の釣り残しが大きく成長してサオを曲げてくれるはずだ。

エサは、解禁当初はイクラ、ブドウ虫、それ以降は現地調達の川虫がおすすめ。増水時は川虫が採れないので、キヂやブドウ虫で対応されたい。

もともと水量が少なく、川幅も狭いので、中上流を釣行するときはなるべく静かにアプローチしたい。物音やサオの影が水面に映るだけでアマゴは隠れてしまうからだ。また、上流域に入ると、木の枝などが多くなってくるので、チョウチン釣りがおすすめ。

最上流部に入る場合は、近年クマが出没することもあるので、充分注意して入渓するように。村内3河川の最上流域に入渓する際も同様だ。

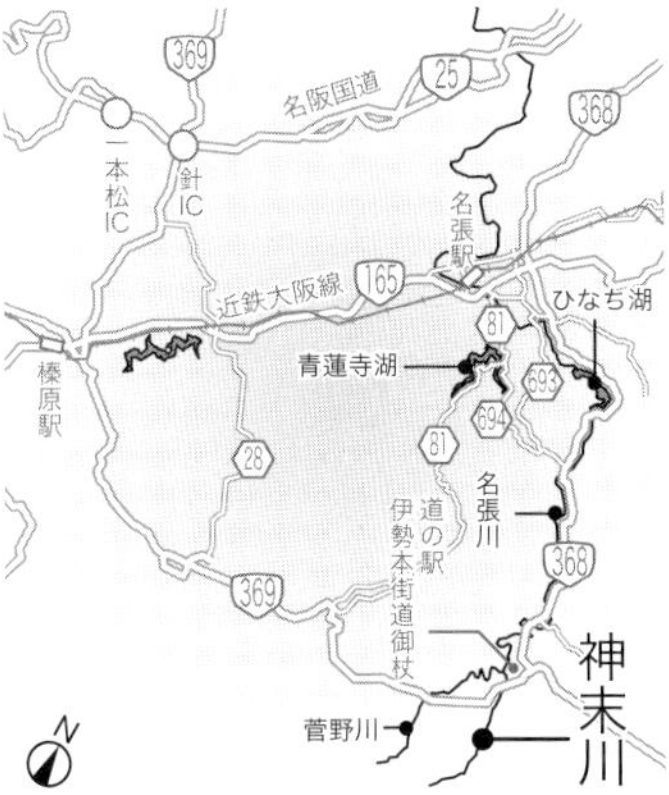

information

●河川名　淀川水系名張川支流神末川
●釣り場位置　奈良県宇陀郡御杖村
●主な対象魚　アマゴ
●解禁期間　4月第1日曜日～9月30日
●遊漁料　日釣券1500円（解禁日～8日目までは2500円）・年券4000円
●管轄漁協　御杖村漁業協同組合（Tel0745-95-2001）
●最寄の遊漁券発売所　辻本商店（神末地区。Tel0745-95-2304）
●交通　名阪国道針ICよりR369で御杖村へ

●下流域（川合橋～神末大橋間）

桜垣内橋上流にある堰堤から300mほど下流側に三叉路があり、右方向に行くと川合橋となる。手前に駐車スペースと入渓点がある。同じ道を戻って国道を過ぎると駐車スペースと入渓点があり、さらに上流のT字路を左折すると鳥居本橋。橋を渡るとすぐ左側に辻本商店があり、遊漁券はここで購入できる。橋を渡って右折し上流側に走ると、2つめの橋が神末大橋。橋を渡らず走ると駐車スペースがあり、この間の入渓ポイントは2ヵ所。

下流域は成魚放流が主体で、特に鳥居本橋から神末大橋が魚影は多く、堰堤や深みがアマゴが留まるポイントなので、じっくり粘ってみたい。

●中流域（神末大橋～桜橋間）

神末大橋を渡らずに上流に500m

恒内橋上流の堰堤下の深み。解禁日は好ポイントとなる

ほど走ると右側に御杖神社が見えてくる。さらに上流に走るとカラオケののぼり旗が見えてくる。そこに桜橋があり、橋の向こう側が駐車スペースと入渓ポイントだ。

　中流域も成魚放流があるが下流ほどは多くなく、宮川橋上流付近、神社横堰堤とその上流の堰堤、桜橋上下流のポイントを重点的に探ってみたい。

●上流域（桜橋〜三畝山1号橋間）

　桜橋を渡らずに５００ｍほど走ると近処橋があり、この橋を渡るとすぐに入渓ポイントと駐車スペースがある。そこから道路が三又になっていて、真ん中の道路を１㎞ほど走ると山の神橋があり、その下流が入渓ポイント。そこから上流に行くと、青少年旅行村のアーチの手前に駐車スペースがあり、少し走ると三峰山登山口看板。そこを左折すると三畝山１号橋がある。

　上流域は成魚放流が下流域と遜《そん》色なく行なわれており、稚魚放流も中上流主体で行なわれているので魚影は多い。桜橋上流から近処橋上流付近は好ポイントが多く、天然アマゴにも出会えるので慎重に探りたい。

　三畝山１号橋下流２００ｍほどは入渓すると両岸ともコンクリート護岸なので道路に上がれない。入渓ポイントまで川通しで戻るしかなので注意。

●最上流（三畝山1号橋〜上流域）

　ここから上流域は入渓ポイントも少なく釣りづらいが、天然アマゴが潜んでいるのでチョウチン釣りを試してみたい。１号橋を渡らずに上流に走ると青少年旅行村があり、その上流の堰堤に簡易水道の取水口があるため、立入禁止区域になっているので注意したい。

　大まかな説明になったが、ここで紹介させていただいたポイント以外にも村内３河川はいずれも好釣り場となるので、ぜひ足を運んでいただきたい。

（廣尾）

鳥居本橋上流の好ポイントを望む

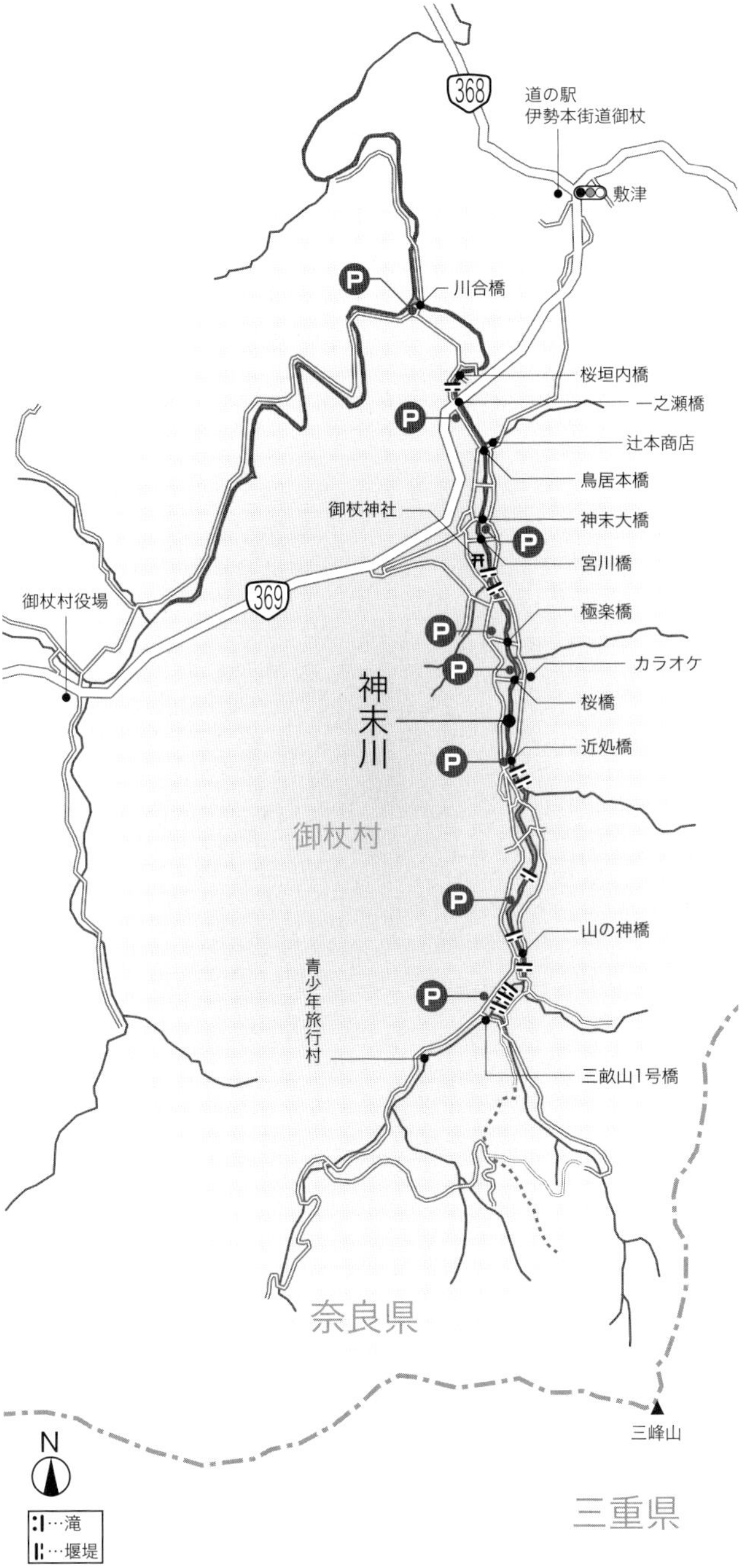

宮川橋上流の渓相。ビギナーでも釣りやすいエリアだ

近処橋上流の淵。出水後には大ものが出ることもある

山の神橋上流。橋の下流側に入渓ポイントがある

三畝山1号橋上流。天然アマゴが釣れるが、水面に張り出した木の枝や草に注意

紀の川水系

高見《たかみ》川

平成の水百選「七滝八壺」を擁する美しい自然と水質 下流部はやさしい渓相、上流は山岳渓流の趣

高見川は奈良、三重県境にそびえる高見山を源に、吉野川を経て紀の川へと流れ込む。全流程約25㎞の大部分が東吉野村内を流れ、上流部には四郷川、大又川（麦谷川合流以遠の四郷川上流）、平野川などの大きな支流を持つ。

大又川上流の「七滝八壺」は環境省が定める「平成の名水百選」にも認定されている。美しく自然豊かな川であり、漁協の取り組みとして大又川のみ放流事業を行なわず天然エリアとして大事に資源を守っている。

高見川流域の放流事業としてはアマゴの成魚800kgを放流している。さらには台風シーズンが終わった秋に、抱卵して産卵直前のアマゴのペア100kgを丹生川上神社前の禁漁区に放流し、自然産卵からのアマゴ増殖をねらっている。しかし実施期間が短く成果の程はまだ分かっていない。

高見川全体の渓相だが、最下流の鳥居田橋から丹生川上神社前の禁漁区までは、かなりやさしい流れである。夏には家族連れで川遊びを楽しむ姿が多く見られるほどで、河原も広く釣りやすい。それだけに釣り人も多く、解禁日にはここぞというポイントは暗いうちから釣り人が入っている。

丹生川上神社敷地内の夢淵で支流の四郷川と合流する。下流側から夢淵を眺め右から流れ込むのが四郷川、左からの流れが高見川である。そしてこれより上流は源流域に入ったような渓相を見せてくれる。

エサは川虫がベストであるが、羽化時期や出水などで採取できない時期が

information

●河川名　紀の川水系高見川
●釣り場位置　奈良県吉野郡東吉野村
●主な対象魚　アマゴ
●解禁期間　3月第1日曜日（大又川は4月29日）～9月30日
●遊漁料　日釣券2000円（解禁日より10日間は3000円）・年券7000円
●管轄漁協　東吉野村漁業協同組合（Tel0746-42-1000）
●最寄の遊漁券発売所　やんちゃ庵（Tel0746-42-0890）、御食事処二川（Tel0746-42-0022）、そのほかは拡大図参照
●交通　京奈和自動車道・五条北ICよりR370、169を経て、県道16、221号利用で上流部へ

漁協前の渓相。穏やかな流れが続きとても入渓しやすく、釣りやすい

あるので、キヂやブドウ虫などの予備エサを持参したほうが安心だ。

●鳥居田橋から丹生川上神社手前

解禁初期は成魚放流のため、淵や大きな橋の下などがポイントとなる。当たれば好釣果の可能性が高い。しかし、本流筋が面白くなるのは4月後半から6月にかけて。放流魚が淵や流れの緩い場所から出て、活発にエサを追うからだ。希に尺近いアマゴが釣れることもある。またこの本流筋では近年、ルアーマンの姿をよく見かけるようになった。川幅も広く障害物も少ないので、ルアーを投げやすいのだろう。

道路からの入渓もしやすく、トイレも設置されているので、手軽にアマゴ釣りができる。繰り返しになるが、子供連れでも充分楽しめる渓相である。

下流の吉野川方面から上がってきた釣り人が最初に出会う遊漁券発売所が「やんちゃ庵」である。ここでポイン

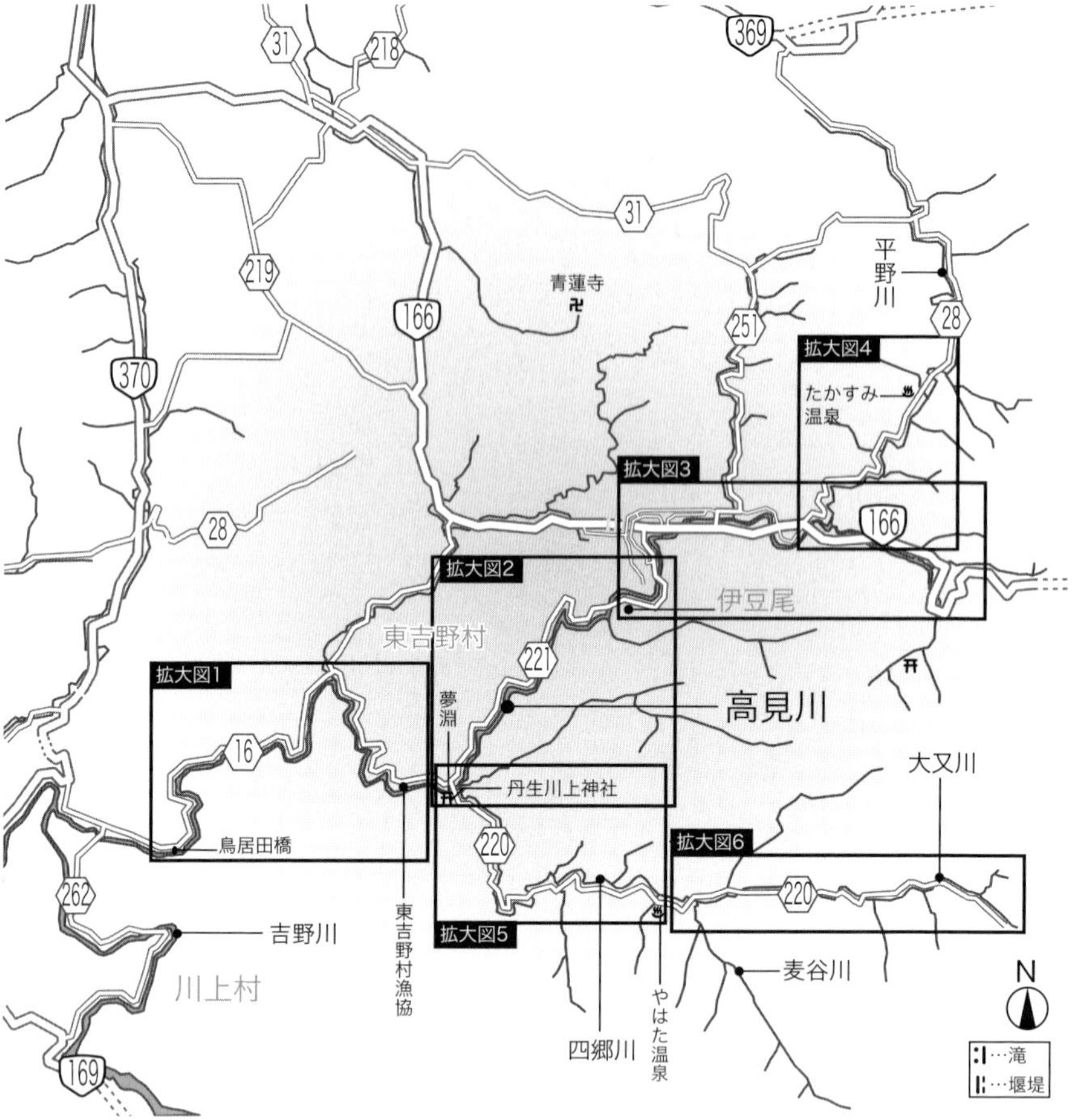

トや入川道を聞いてから上流へ向かうといい。

●丹生川上神社から上流

神社から2㎞上流に木津川集落があり、その間でも釣りは可能。しかし集落が終わり、次の伊豆尾集落までの間が高低差もあり渓流釣りを満喫できる。

木津川集落の最後に道路が広くなっており、駐車は可能だ。大岩や岩盤、淵などが連続し谷山橋まで大いに楽しめるポイントである。谷山橋周辺にも駐車スペースはあるので、そこから釣り上がり、または釣り下がりが可能になる。

高見川がR166と並行して流れるようになると、高低差もなくなり平坦な渓相となる。集落が続くため放流量も多くアマゴの密度は高い。解禁初期より全体的によく釣れるポイントだ。最上流部まで楽に釣り上がることもできる。

●四郷川から大又川

丹生川上神社前の蟻通橋を渡って上流へ行くと支流の四郷川と出合う。高見川本流よりもファンが多いのがこの支流である。大又川までの間に集落が数ヵ所あるが、集落と集落の間の流れに大岩や淵が点在し、アマゴの好ポイントとなっている。渓までのアプローチがしにくい場所もあるが、ハシゴが架かった入渓道や山道が作られている。その場所の目印は「ごみを持ち帰ろう」の看板。この看板の近くには必ず入渓道があるので、注意して探していただきたい。

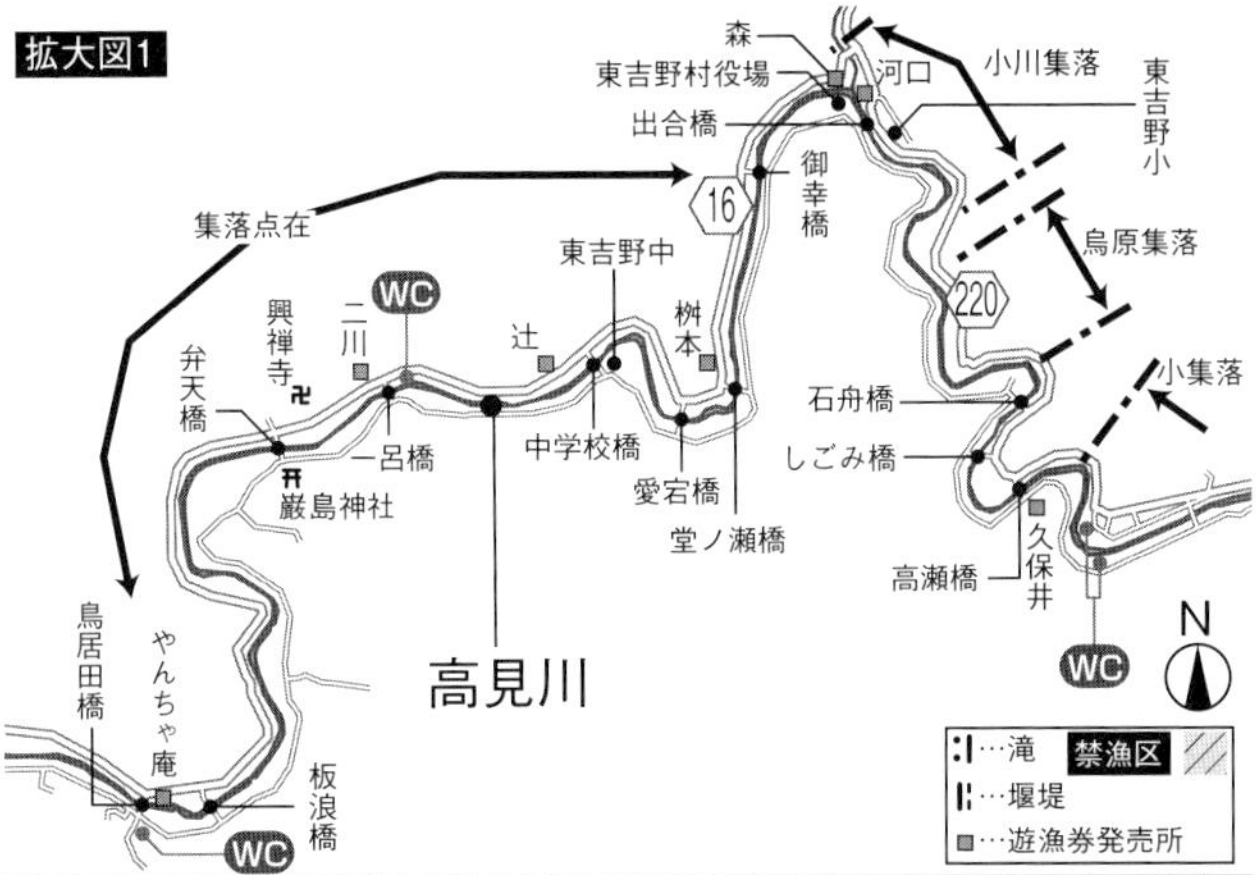

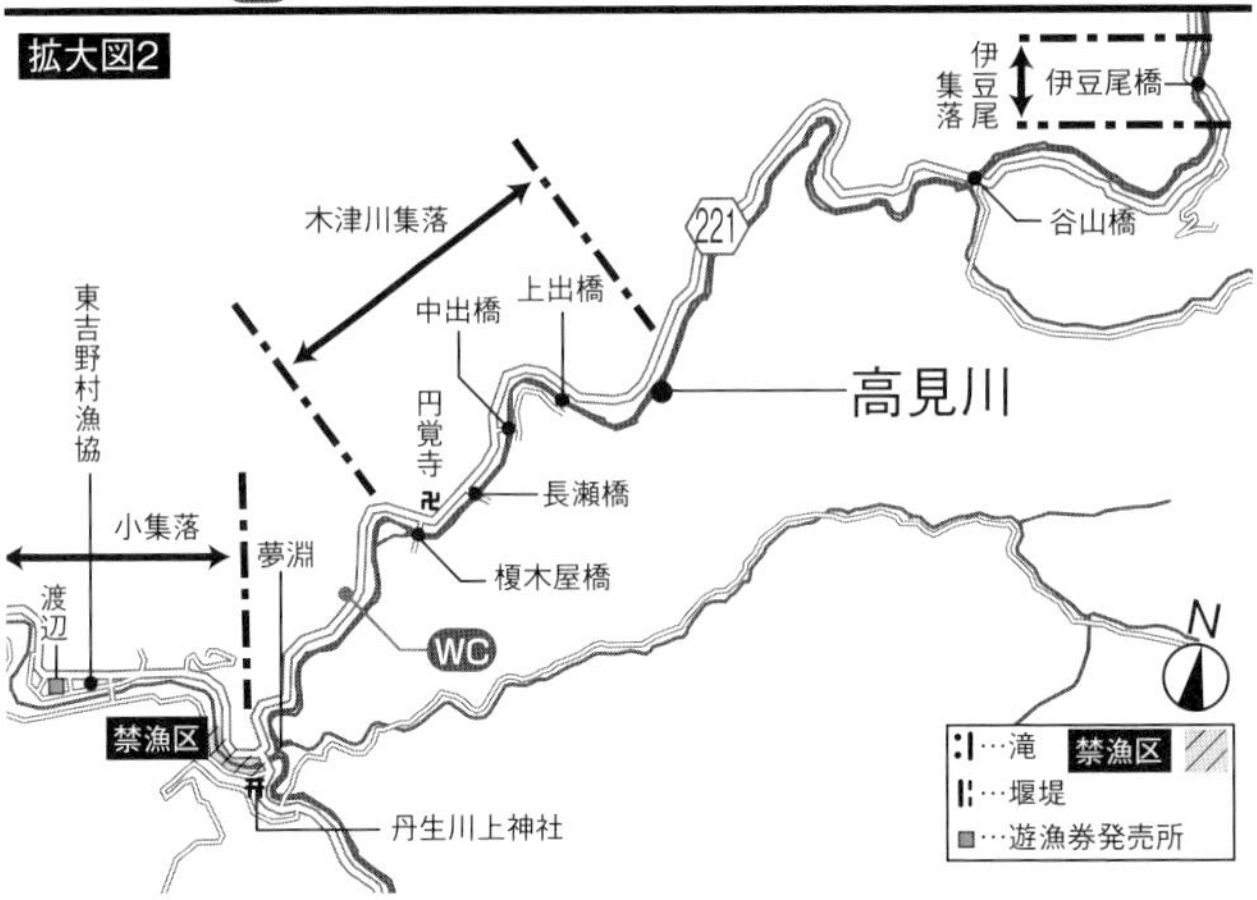

丹生川上神社から上流の木津川集落の流れは源流部を思わせる流れ

東吉野村役場前のポイント。放流密度が高く4月以降はどのポイントでもよく掛かる

集落周辺は流れに近く入渓しやすくなっている。道幅も広くとってあり駐車スペースもないわけではないが、狭い道路で部分的に広くなっている場所は、クルマの対向スペースなので駐車には気を付けていただきたい。

●大又川

戊亥橋より上流が大又川となる。水量はさほど多くないが、岩盤や大岩ゴロゴロで源流釣行を満喫できる。放流を一切行なっておらず天然魚しか掛かってこない。アマゴのほかイワナも顔を見せることがある。駐車スペースはかなり限られており、先行者がいると

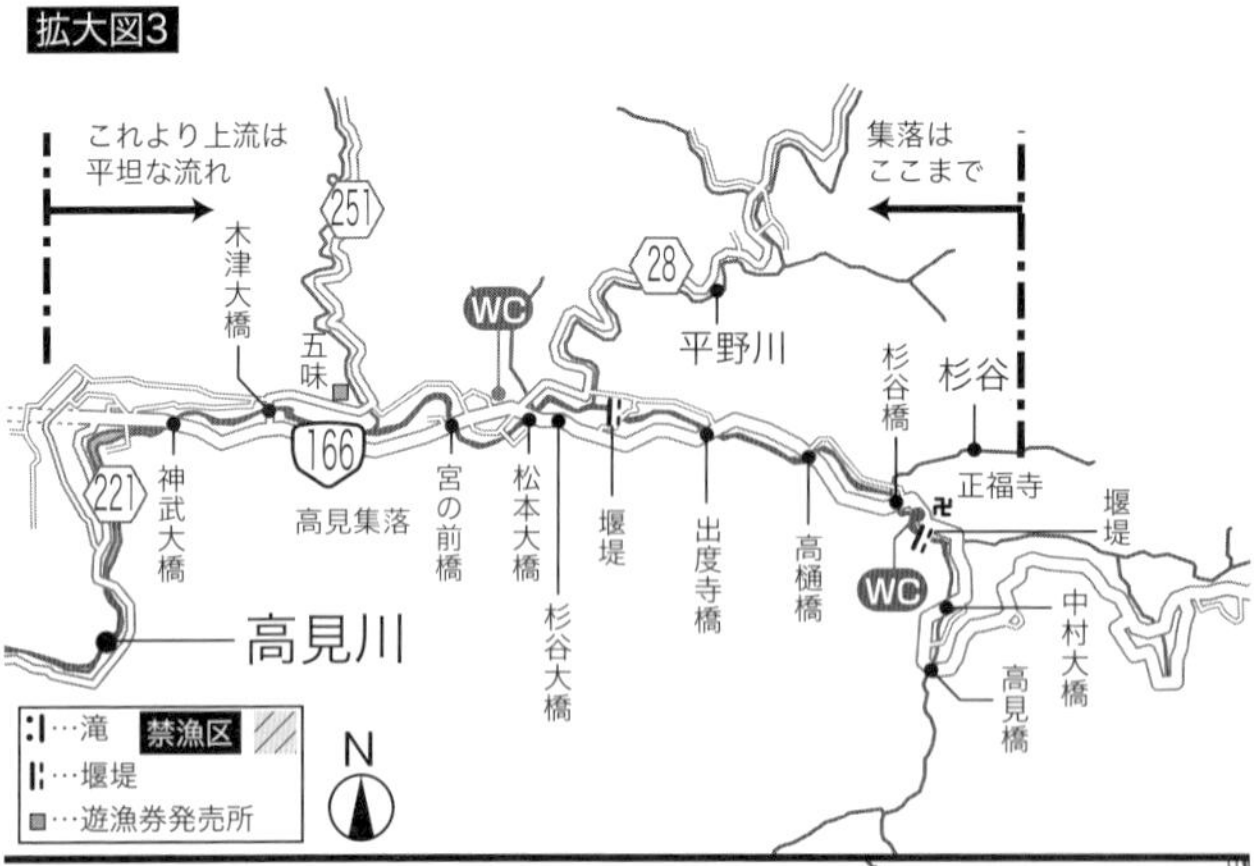

高見川最上流部。高樋橋真下の流れを望む

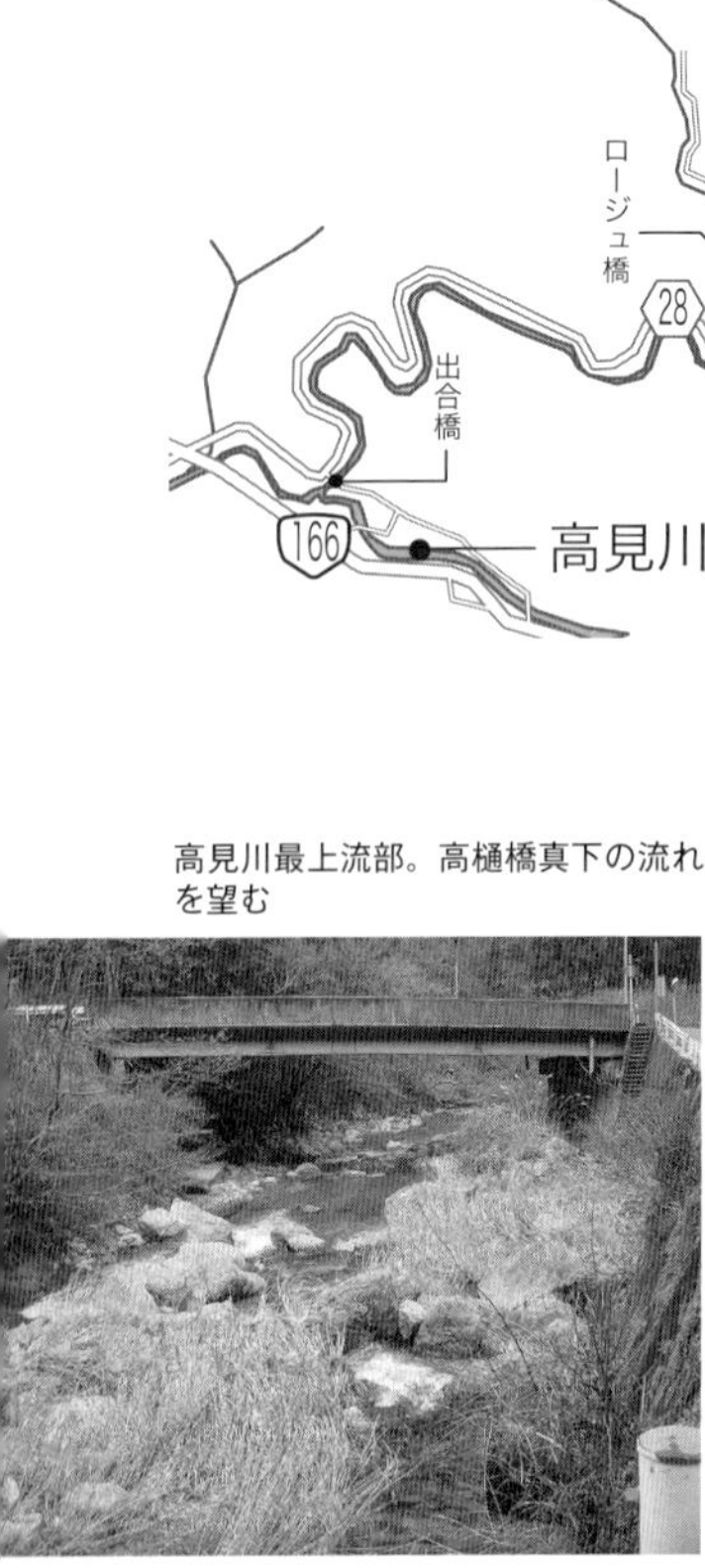

R166に流れが沿うと高低差の少ない穏やかな渓相が源流部まで続く

すぐに停める場所がなくなってしまう。駐車の際は地元住民に許可をもらうのがベストであろう。

大又川上流部には名勝「七滝八壺」があり観光の名所となっている。これより上流でも好ポイントがたくさんあり、魚止の滝まで充分楽しめる。

以上、紹介したポイントや支流以外にも、平野川など他の支流も多くあり、どの渓相も比較的優しく入りやすい谷ばかりである。釣行後は、四郷川上流に「やはた温泉」、平野川上流に「たかすみ温泉」があり、疲れた身体を癒してくれることだろう。

（高井）

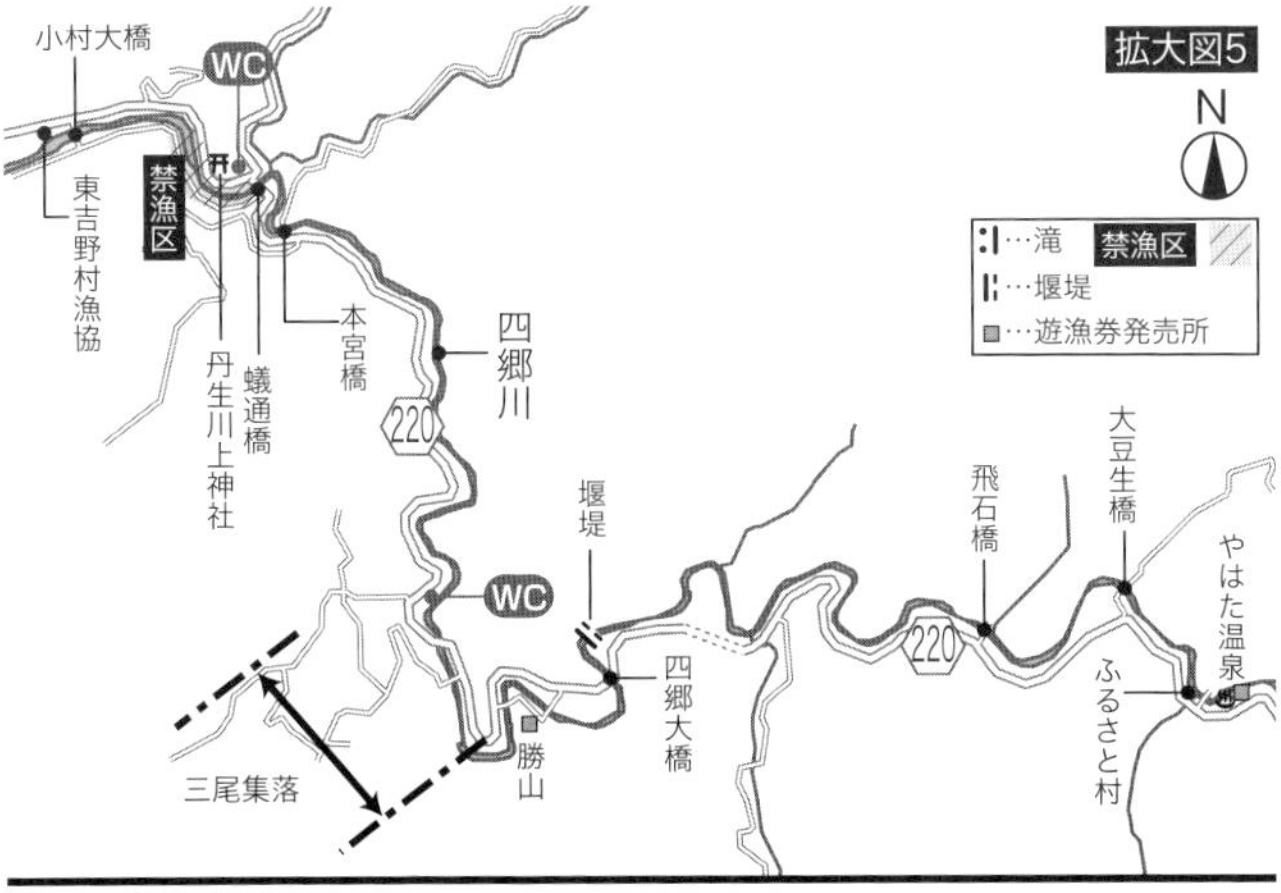

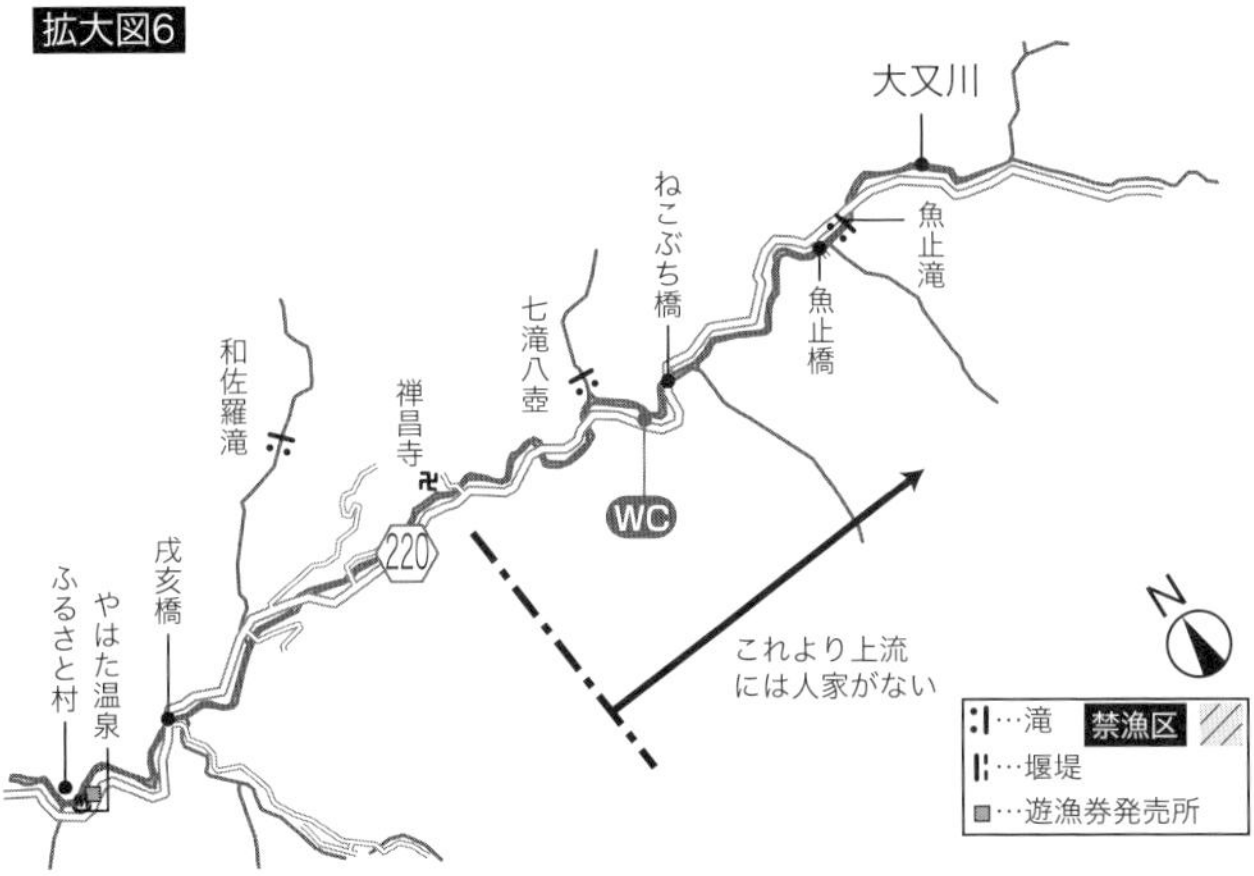

四郷川のさらに上流で出合う大又川の流れ。天然アマゴが釣れる

支流の四郷川は大岩の多い渓相となる

紀の川水系

放流、天然と明確に釣り場が分かれる人気の渓 山林が95%を占める自然豊かな村を縫う流れ

吉野川《よしの》

奈良県内では県南部の地名「吉野」にちなんで「吉野川」、同じ流れが和歌山県橋本市で「紀の川」となる。

吉野川・川上地区は下流部へ水を届ける貴重な水源地。1973年、上流部に大迫ダムが完成し、さらに2002年には中流部に大滝ダムが造られた。そのため釣り人にとっては貴重な、かけがえのないメイン釣り場が消滅してしまった。

そんな中、川上村漁協（組合長・堀谷正吾）と役場が力を合わせ、釣り人のために残った自然の釣り場を守っている。遊漁エリアは「成魚放流釣り場」と「天然魚釣り場」に明確に分かれていて、それぞれ釣り人の好みで釣行できる。

●成魚放流釣り場

大滝ダム下流部・東川周辺、大滝ダム上流部・北和田周辺、支流・中奥川となっている。例年3月の日曜日に連続3回に分けて放流が行なわれる。入川道は整備され、解禁日には近郊からたくさんの釣り人が訪れ、川が一気に活気を帯びる。

3月といえども山深い川上村では予想以上に冷える。早朝のひととき、あちらこちらで火煙が上がり「寒いね！」と釣り人が焚火を囲む。知らない方との釣り談義も、また楽しい。

川上村漁協放流委員の伊東さんの話では、「解禁当日、放流量の30%は釣りあげられるが、残り70%は残る」とのこと。解禁日以後に釣行するほうが釣り場を自由に移動できるので、意外に好釣果をマークしている。

釣り方だが、実例を挙げてみたい。2年前の4月下旬、釣りクラブのメンバー3名で本流・北和田橋下流でサオ

information

●河川名　紀の川水系吉野川
●釣り場位置　奈良県吉野郡川上村
●主な対象魚　アマゴ
●解禁期間　3月3日～9月30日
●遊漁料　日釣券3000円（3月17日まで3500円）・年券1万円（アマゴ、アユ共通年券は1万2000円）
●管轄漁協　川上村漁業協同組合（Tel0746-52-0543）
●最寄の遊漁券発売所　大前釣具店（Tel0746-53-2134）、上村弘子（Tel0746-52-0223）、栗山オトリ店（Tel0746-52-0833）
●交通　南阪奈道路・葛城ICよりR165、24、169で大滝ダム、大迫ダム方面へ

大滝ダム下流部「木工の里・川上」周辺。人気釣り場で、解禁日は大賑わいとなる

をだした。ここは連日釣り人が入る激戦エリアでアタリは渋い。9時30分から11時30分までの2時間の釣果だが、私5尾に対し、釣友の福田氏は33尾と大差を付けられてしまった。どうしてこんなに釣果に差が出るのか、福田氏にたずねてみた。「アマゴの泳いでいる前でエサをゆっくり流し、止めたりフワフワするんよ」とのこと。流し方に変化を与えるのがキモのようだ。この頃になると水温が上昇し、アマゴは浅い場所で掛かるようになる。深い場所はウグイの猛襲となるので注意。エサは川虫に軍配が上がる。

ちなみに福田氏は太仕掛け。サオ7・2m、ラインは0・5号の通しにハリは7号の半スレを直結で結び、オモリを2段に打っている。「イトの太さは関係ない！　尺アマゴ来たら切られんし……」と本人は笑う。一番重要なのはハリの点検とも言う。掛かりが重要なので、ハリ先を確認し、少しでも

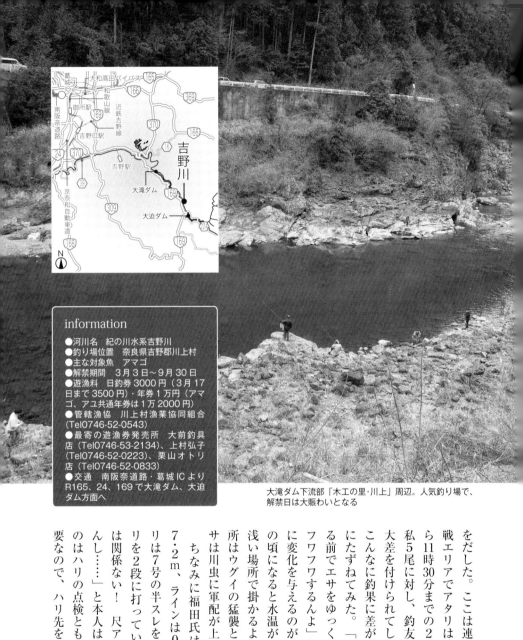

支流・中奥川中流部の渓相。大岩の陰からアマゴが飛び出す

大滝ダムバックウオーター、北和田橋の下流をねらう福田氏

大迫ダム上流で掛かるアマゴは天然魚。細身だが引きは力強い

大迫ダム上流・本沢川上流部の流れ。川へ降りて行く明確な道があり、上下流を釣り歩ける

鈍っていればこまめに交換するそうだ。

お昼からは中奥川でサオをだして63尾。午前の釣りと合わせて福田氏は計96尾の釣果をマークした。釣り方次第で、好釣果が楽しめる。

●天然魚釣り場

大迫ダムより上流部がメイン釣り場。成魚放流は一切なく、掛かれば色鮮やかな朱点の入ったアマゴとなる。川上村漁協では、例年11月中旬に発眼卵を川に埋設し、自然孵化させている。この努力が実り、翌年の夏には幼魚が泳いでいる姿がいたるところで確認できる。我々釣り人も漁協の努力を無駄にしないよう、自然保護のためにも10㎝以下のアマゴは再放流することを心掛けたい。

ダムより上流へ車を走らせると三差路があり、直進すると本沢川、左折すると北股川となる。道は林道で狭くなり、あちこちに落石も見られる。角ばった石を踏むとパンクの恐れがあるので注意したい。

ベテラン、健脚向きの釣り場が多く、大岩から滑り落ちる可能性が高いので単独釣行は避けたい。ここでは川の流れ、カジカの鳴き声、風が木々を揺らす音を楽しみながら釣り上がれる。

天然魚の攻略で一番大切なのが、エサの選択。基本的には川虫の食いがよいが、増水時や季節によっては採取できないこともある。そんなときは川上村に入り、西河の「大前釣具店」を利用するといい。ここではキンパク、ブドウ虫、キヂ（ミミズ）、イクラが常時手に入る。

（辻本）

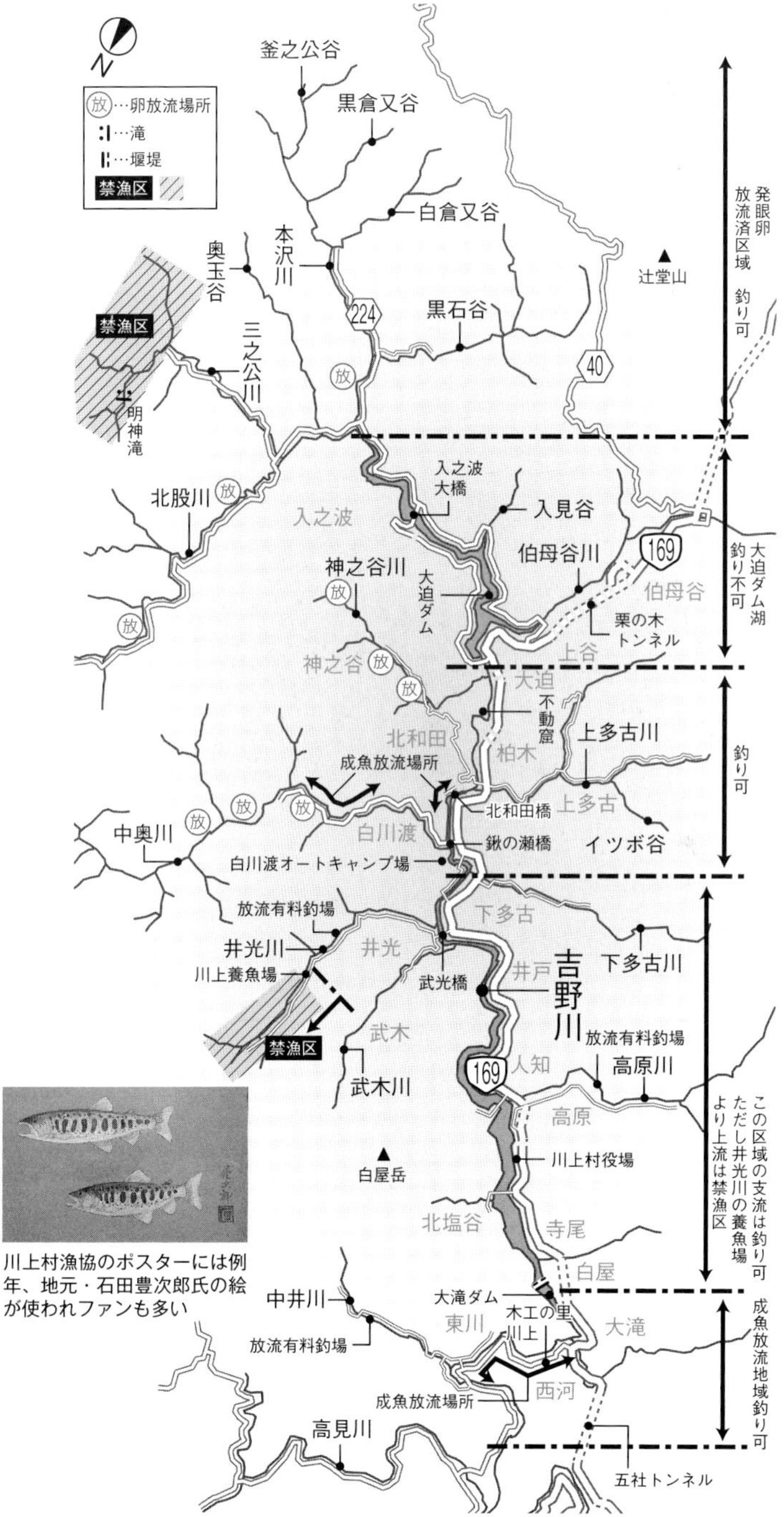

川上村漁協のポスターには例年、地元・石田豊次郎氏の絵が使われファンも多い

熊野川水系

天《てん》川（天ノ川）

真夏でも滅多に20℃を超えない冷たく澄んだ流れ 豊富な支流群が天然の多い魚影を支える

奈良県の天川村を流下する天川（天ノ川。以下、天川）は、大峰山脈・山上ヶ岳、大普賢岳、弥山、八経ヶ岳付近に発した沢が集まり天川村、五條市内では天川（天ノ川）、十津川村内では十津川となり、三重県に入り熊野川と名を変えて熊野灘に注ぐ一級河川。

水質はすこぶるよく、アマゴ解禁時の水温は2～5℃と非常に冷たく、真夏でも20℃を超えることが滅多にない。

天川村内の管轄漁協である天川村漁協は天然の増殖にも力を入れており、成魚放流に加えて発眼卵、親魚放流なども毎年行なっている。そのためアマゴの魚影は多く、禁漁日まで充分に楽しむことができる。

天川の釣り場は、主に本流と洞川を流れる山上川、各支流の谷の3エリアに分けられる。それぞれを解説したい。

●尺上のイワナも楽しめる本流

岩場、岩盤が多く瀬、トロ場、チャ

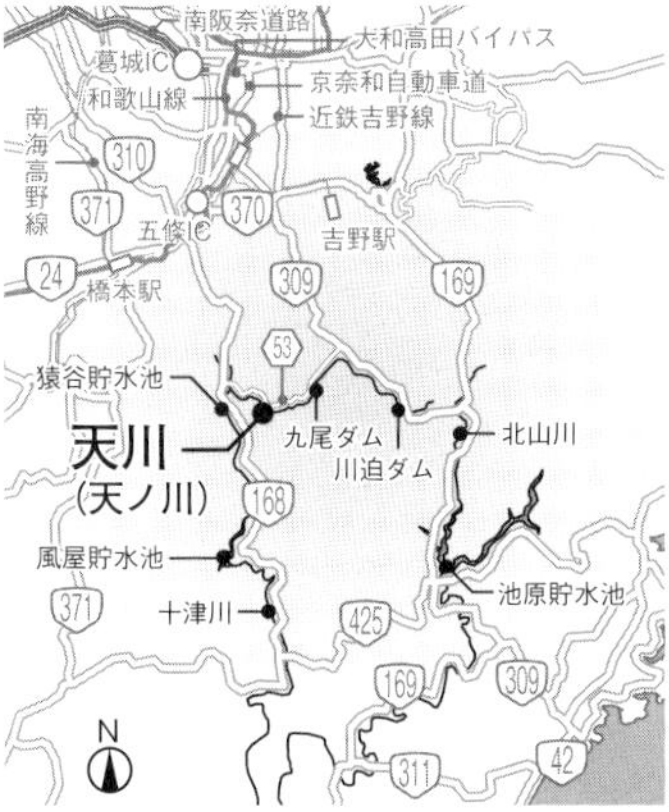

information

●河川名　熊野川水系天川
●釣り場位置　奈良県吉野郡天川村
●主な対象魚　アマゴ、イワナ
●解禁期間　3月10日～9月15日
●遊漁料　日釣券3000円（解禁日のみ3500円）・年券1万円
●管轄漁協　天川村漁業協同組合（Tel0747-63-0666）
●最寄の遊漁券発売所　小川囮遊漁券販売所（庵住地区・Tel0747-65-0033）、森田商店（川合地区・Tel0747-63-0120）
●交通　京奈和自動車道・五條ICよりR168で猿谷貯水池を経て、県道53号で天川へ

山上川出合下流に架かる沖金橋より上流を望む

ラと変化に富んだ渓相が楽しめる。ただし背の立たない淵もあり、小まめな移動が必要となる。釣り場としては九尾ダム上下流、川迫《こうせ》ダム上流に分かれ、九尾ダム上下流には解禁前から成魚放流がなされ、その後もゴールデンウイークまでに3回ほど追加放流が行なわれる。

もちろん天然アマゴ、イワナもおり、4月頃から太公望たちを楽しませてくれる。イワナは尺超え、時には50cm近い大ものも釣れることがある。

サオの長さは5・5～6mが扱いやすい。エサは解禁初期はイクラをメインに、食いが渋くなったらブドウ虫、キヂ、川虫などで釣果を伸ばすとよい。また、本流筋は道沿いを流れ、遊漁券販売所も点在しておりアプローチも容易だ。成魚放流場所には番号の書いた看板が設置されているので目安にするとよい。

川迫ダムから上流は景観地「川迫川

庵住橋より下流を望む。広々とした流れは６ｍのサオでも楽しめる

九尾ダムの下流となる庵住橋より上流の流れ

沖金橋より下流を望む。ゆったりとした太い流れだ

弁天橋より下流に設けられたキャッチ＆リリース区間のようす

渓谷」と呼ばれる岩盤主体のポイントとなる。その中に点在する石裏のヨレなどにアマゴが潜んでいる。川迫は民家もなく成魚放流されていない。組合が親魚を放流し、天然が孵《かえ》るよう努力されている。エサは川虫メインでキヂとローテーションするのがよい。天然イワナも多く、毎年春先から美しい魚体がサオを曲げ楽しませてくれる。

　九尾ダム上流となる南日浦地区の弁天橋から下流は、フライ（テンカラ含む）＆ルアーフィッシングのキャッチ＆リリース区間になっているので注意したい。

●上流域は一変する山上川

　山上川は山上ヶ岳を源頭に、修験宿で有名な洞川の町中を流れ紅葉で知られる「みたらい渓谷」を流下して本流に注ぐ。解禁前とゴールデンウイークに成魚放流がなされ、魚影の多さは折り紙付き。

みたらい渓谷沿いは遊歩道が整備され、渓谷を過ぎると県道21号を沿う流れで、比較的アプローチしやすい。放流個所には看板もある。

洞川地区の町中は禁漁区になっており、観光見物用のニジマスが放流されている。禁漁区より下流では、そこから落ちてきたと思われるニジマスが楽しめる。サイズは20～30cmが主だが、時には50cm級もサオを絞り込む。

本流よりも川幅が少し狭くなるので、5mのサオでは少し釣りづらい場所も多くなってくる。3・6～4・5mザオが扱いやすい。エサは九尾ダム上下流と同じでよい。

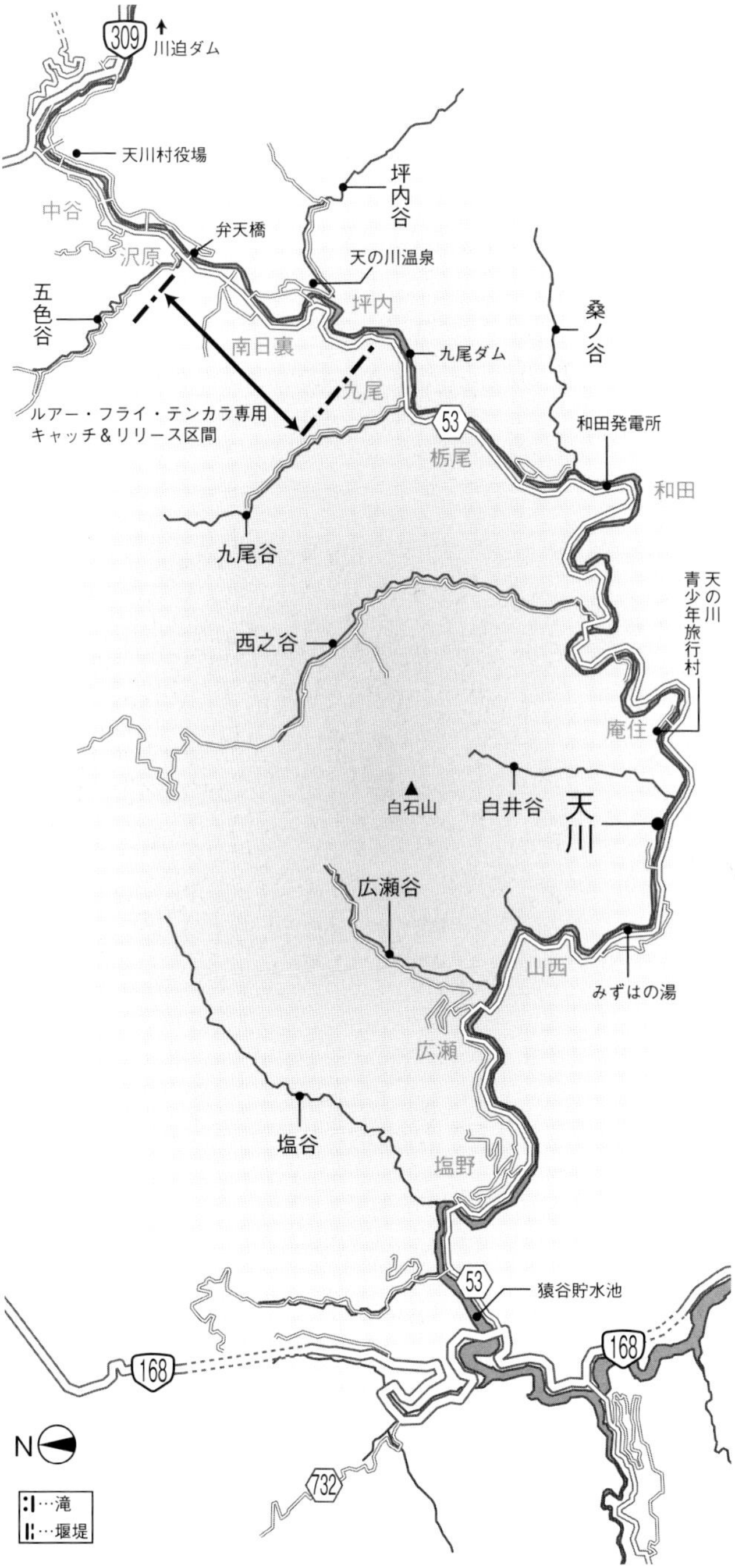

庵住橋付近で本流と出合う支流の西ノ谷

九尾ダムのすぐ下で本流に注ぐ九尾谷の流れ

支流で釣れる天然のアマゴたち

天川には枝谷も多い

禁漁区を抜けて上流に行くと景色は一変する。道も狭くアプローチしにくくなるが、人工物もなくなり天然アマゴが迎えてくれるはずだ。

●各支流の谷

天川には支流の谷も多い。谷には成魚放流はなく、組合が資源を守るために発眼卵のみを放流。釣れてくるのはすべて天然アマゴとなる。

どの谷も川幅は非常に狭く、サオの長さも2・5～3mが扱いやすい。魚もスレていないので、エサはイクラかキヂで充分。

それぞれ道は非常に狭く、ガタガタで駐車スペースも非常に少ない。吉野地方は林業が盛んなため山仕事の方が作業をすることもあり、迷惑な駐車はしないこと。また、山肌もあらわで落石が多いので、通行には充分に気を付けたい。

なお、支流の弥山川、オソゴヤ谷は禁漁河川、坪内谷、桑ノ谷は紀伊半島水害復旧工事の関係で立ち入りできないので注意していただきたい。

川合から坪内地区、洞川地区には雑貨店、飲食店などがあるが、それ以外の地区には見られない。遊漁券販売所などで簡易なウドンを提供することもあるので、釣行前に確認するとよい。また電話予約でイクラ、キヂの販売もしている。余談ではあるが天川村には温泉施設が3ヵ所あり、渓からも近いので釣りで冷えた身体を温泉で癒せるのもありがたい。

最後に、近年釣り人が多くなり投棄されるゴミも多くなっている。必ずゴミは持ち帰っていただきたい。（瀧澤）

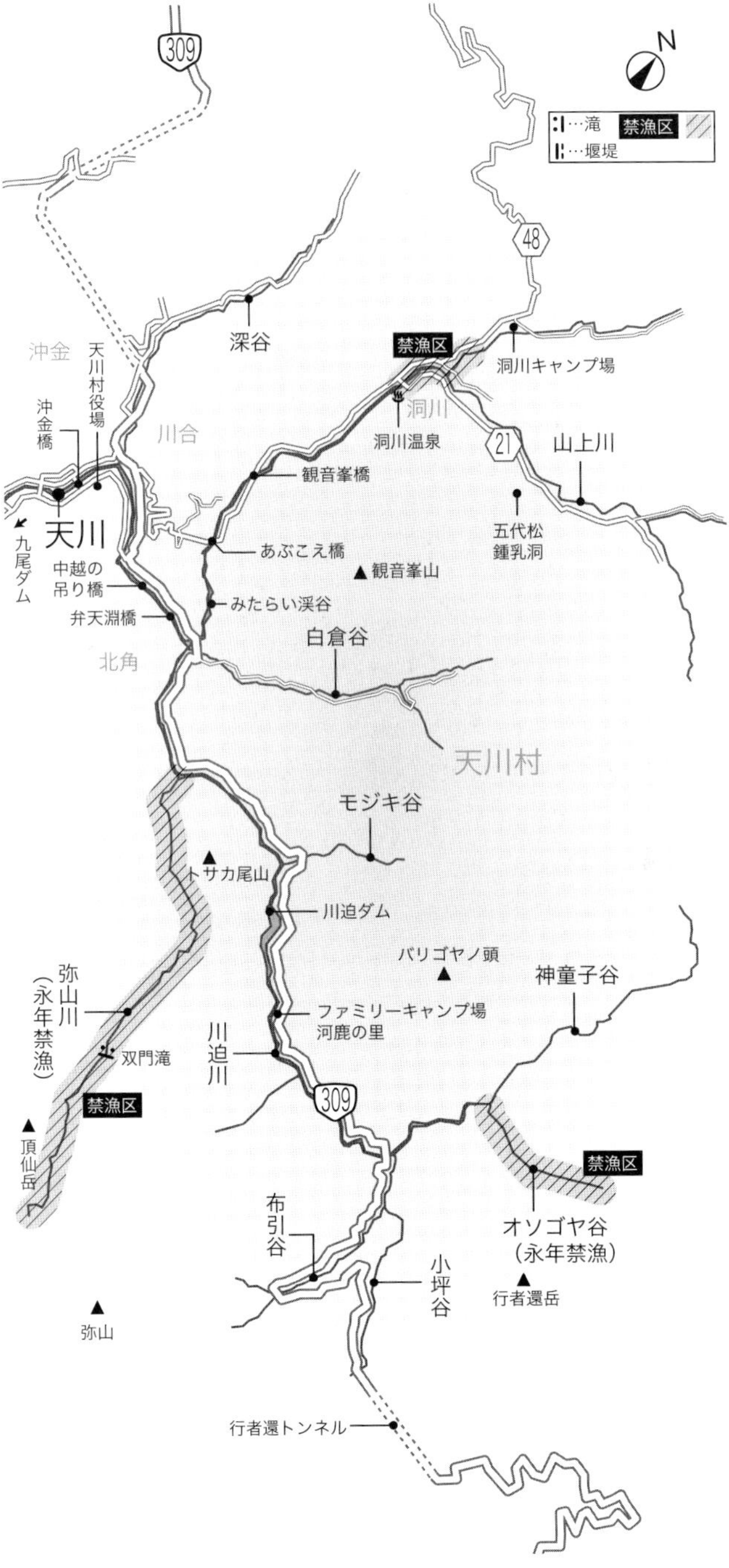

熊野川水系

北《き》山《やま》川《かわ》

池原貯水池を経て熊野川へと注ぐアマゴの渓 本流、支流、枝谷と変化に富んだ流れに遊ぶ

北山川は世界有数の降水量を誇る大台ヶ原を源流域とし、上流部は吉野熊野国立公園の一部となっている。大台ヶ原からは奈良・三重県、和歌山県の飛地を流れ、和歌山県新宮市で熊野川に合流し、熊野灘へと注いでいる。

上北山村の河合地区で支流・小像川の流れを足し、池原貯水池へとつながる本流の渓相は、集落周辺では岩盤に頭大から拳大の石が敷き詰められ、瀬とチャラ、トロ場と変化に富んだポイントを形成している。集落から離れて道が遠くなると入渓しづらい場所もあり、大岩のポイントや砂防堰堤も点在している。

支流の小像川は淵もあるが比較的浅いところも多く、石の大きさも頭大で川通しも可能。さらに各枝谷は、深い谷もあり、大岩や砂防堰堤が点在し、林道のない流れもある。

このように、北山川はねらうエリアによって3種の釣り味を楽しませてくれる。また遊漁年券はアユ、アマゴの共通年券で、いずれの釣りも楽しめるのでお得だ。

●北山川本流

最下流となる池原貯水池のバックウオーターから最上流の和佐又谷まで本流筋の集落は河合地区、西原地区の2ヵ所。集落周辺はR169沿いに川が流れており、比較的安全にポイントに入ることができる。また、解禁前に成魚放流が行なわれる場所にもなっている。

河合地区には道の駅、商店などもあり、また河原へも車で降りて行ける。集落を外れると国道から川が離れ、入渓するには山道を徒歩で降りなければ行けないポイントも現れる。途中に砂防堰堤も数ヵ所あり、健脚向きの釣り場となる。もちろん、そういった場所には成魚放流はされておらず、釣れるアマゴはすべて天然ものだ。

information

●河川名　熊野川水系北山川
●釣り場位置　奈良県吉野郡上北山村
●主な対象魚　アマゴ
●解禁期間　3月第3日曜日～8月31日
●遊漁料　日釣券3000円・年券1万円
●管轄漁協　上北山村漁業協同組合（Tel07468-2-0177）
●最寄の遊漁券発売所　喫茶ひろ（Tel07468-2-0312）
●交通　南阪奈道路・葛城ICよりR169を南下して池原貯水池方面へ

道の駅吉野路上北山付近から下流の流れを望む

源流域の和佐又谷などは解禁当初は水温も低いが、温暖な年は初期からきれいな天然アマゴが迎えてくれる。また池原貯水池からサツキマスの遡上もあり、毎年数尾が釣りあげられている。上北山中学の裏に砂防堰堤があり、そこで止まるようだ。私も夏の友釣り時にオトリを食ってきたサツキマスを上げたことがある。ここで楽しむならサオの長さは4～5mはほしい。

解禁当初のエサはイクラかキヂで、魚がスレてきたら川虫などを試してみるとよい。

●支流・小像川

河合地区で本流の左岸に合流する小像川は、県道大台河合線沿いを流れており、しばらくの間は砂防堰堤などもない。ある程度は安全に川通しできるが、道幅は狭いところが多く駐車スペースも限られてくるので注意が必要。

最後の集落となる木和田地区までは

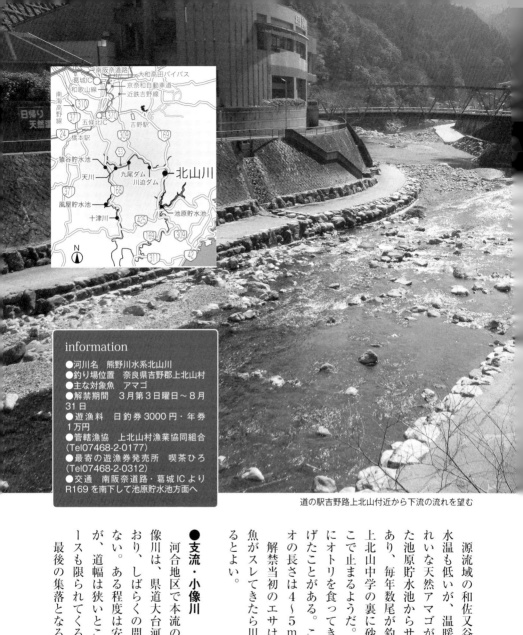

北山川上流域に架かる天ヶ瀬橋より流れを望む

北山川中流域、おおとち橋から望む渓相

本流へと注ぐ枝谷・水太谷の流れ

支流となる小像川の流れ。瀧川寺への橋から上流を望む

数ヵ所で成魚放流がされているが、そこから奥は天然のアマゴが迎えてくれる。木和田地区から上流は一気に川幅が狭くなり5ｍのサオでは釣りにくい所もある。3～5ｍの間で長さを変えられるサオがおすすめだ。

エサは本流同様、解禁当初はイクラやキヂを中心に、魚がスレる頃に川虫にチェンジする。この川も池原貯水池から遡上する大型のアマゴが、木和田地区の堰堤までは釣れる可能性がある。

●各枝谷

上北山の各枝谷は林道沿いを流れる谷もあれば、道から離れ山深い中を流れる谷もある。もちろん枝谷で釣れるアマゴは天然となる。どの谷も、入渓を拒むような大石や小滝、淵とともに倒木でサオがだせない場所、通ラズ、砂防堰堤などもあるのでマメにポイント移動をしなければいけない。それだけに手付かずのポイントも多く、美しい魚が迎えてくれるはずだ。

サオは3～4mで、エサはイクラか川虫がおすすめ。枝谷の中には禁漁の渓もあるので、漁協発行の河川マップで確認するか、遊漁券販売所の方に聞いてから入渓したい。

最後に、上北山ではクマの出没も聞かれ、深い谷に入る場合は充分に気を付けて入渓すること。また、上北山村の河合地区に上北山温泉薬師湯があり、年券購入者は100円割引で入浴できるので、釣行の帰りに楽しんでいただきたい。

（瀧澤）

大内山川・風船の堰下流。このポイントはじっくり粘ってほしい

宮川水系

大《おお》内《うち》山《やま》川

宮川の陰に隠れた穴場的な流れ 釣り人も少なく、思わぬ大型もヒットする

大内山川は、三重中南部を西東に横切る宮川最大の支流。旧大内山村と、旧宮川村の境界を源として大紀町を南西から北東に流下し、宮川に合流する流程約40㎞の一級河川だ。宮川と同様に源流部はV字の渓谷が連なる険しい渓相を見せる。

大内山川の魅力の一つが上流部に大きなダムがないこと。台風や大雨で普通の川ならば濁りが納まるのに1週間はかかる時でも、3日もすれば濁りや水位が落ちついてくる。

このように私的には魅力のある川なのだが、どうしても宮川に入る人が多いように思う。私も年に数回だが宮川の谷などには入るのだが、ポイントに先行者の車があったり、谷で釣り人に出会うことが多く、その度に新たなポイントを探すのがおっくうで、ついつい人の少ない大内山川に通うようになった。解禁当初の1、2週間は賑わうが、3週間もすると平日などは釣り人とあまり出会わない。

5月の頭よりアユが始まり、渓流からアユへと訪れる釣り人もシフトしていく。だが、アユの解禁とともに、友釣りのイトを切っていくアマゴ、サツキマスの話をよく耳にするようになる。サツキマスの遡上とともに、尺上の大もののチャンスがやってくる。私もそんな大ものとの出会いを期待して通い詰めてしまう一人だ。

大内山川漁協の発表では成魚放流のほかに稚魚放流にかなり力を入れており、大内山川で育った準天然のきれいなアマゴを釣ってもらいたいという漁協の努力が実っているようだ。また、松阪に本社がある「フィッシング遊」や、（公財）日本釣振興会も放流に協力されている。

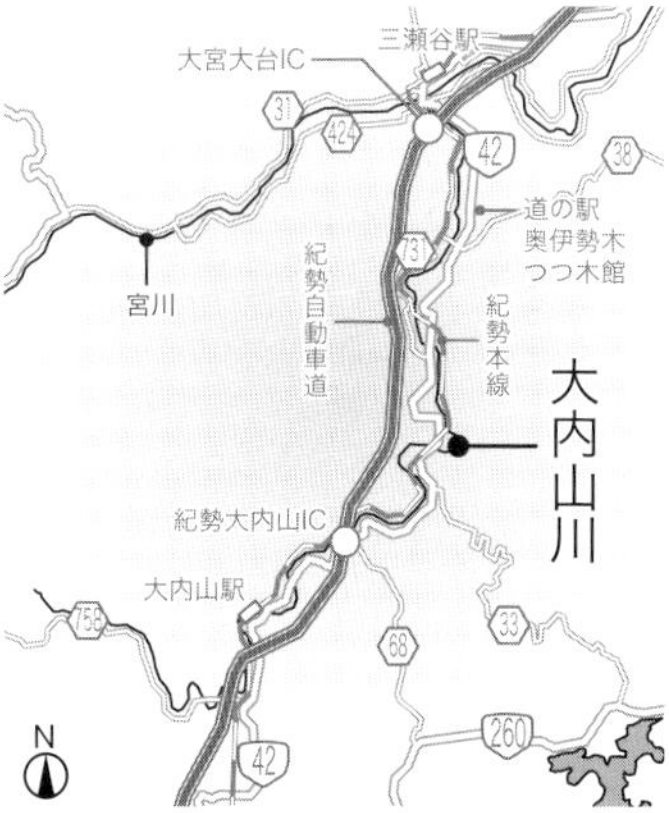

【本流域のポイント】

それではまず、大内山川の流れから紹介したい。

●私的通称「キノコ堰」

大内山ICより県道68号に入り左折、すぐにR42で津、松阪方面に右折すると、2分くらいで左に「キノコランド」の看板が見えて来る。ここが駐車スペースで8台以上駐車できる。

駐車スペースより川に降りる土手があり、ロープが掛けてある。このロープを使って降りるのだが、土手は滑りやすく雨後などは注意が必要だ。

ポイントは遡上してきたサツキマスが一時的に溜まる場所で、堰直下や下流のゴロタ石に付いている。また右岸にコンクリートブロックが並んでおり、そちらに流れの芯がある時などは、ブロックの下にアマゴが付く。水が多い時は押しも強いので、遡行の際は気を付けてもらいたい。堰から右岸の小さな谷の出合までの区間をていねいに釣りたい。

●私的通称「フレッシュにしむら堰」

「キノコ堰」より松阪方面に車で5分ほどでスーパーマーケット「フレッシュにしむら」が道沿いに見える。その裏にあるポイント。この堰は国道より見えないのでプチ穴場だ。

駐車スペースはフレッシュにしむらを越えて1本目の橋を渡り、左すぐにスロープがあり、川に降りて駐車するか、スロープの右に「柳原公園」があり、そちらに駐車して川の左岸を釣り

information

●河川名　宮川水系大内山川
●釣り場位置　三重県度会郡大紀町
●主な対象魚　アマゴ
●解禁期間　3月1日～9月30日
●遊漁料　日釣券1500円・年券5000円
●管轄漁協　大内山川漁業協同組合（Tel0598-74-0666）
●最寄の遊漁券発売所　釣エサ市場（Tel0598-74-1091）、紀東釣エサセンター（Tel0598-74-1072）
●交通　紀勢自動車道・紀勢大内山ICよりR42を経て各ポイントへ

大内山川・フレッシュにしむら堰。魚道の巻き込みをていねいに探りたい

大内山川・キノコ堰下流。消波ブロックの下からアマゴが出てくる！

上がってもらいたい。

ここも大アマゴ、サツキマスがいったん溜まる場所で、大石や流心に付いていることが多い。ただ、チャラ瀬のこんな所で？　と思うような流れに尺ものがいたりもするので気が抜けない。

ポイントは右岸の小さな2つの支流の出合より堰までで、私自身は堰はもちろんだが、ゴロタ石の瀬からの流心が好みだ。川幅もあるので8m前後のズームザオに、ラインは大ものが来てもよいように0・6〜0・8号を使うようにしている。

●私的通称「風船の堰」

「フレッシュにしむら堰」より松阪方面に車で5〜6分で岩船橋があり、橋を渡ってすぐに左に曲がり、少し戻る感じの道をそのまま進んで行くと、左側に川へと降りて行く道がある。広くなっている所が駐車ポイントで、ここから釣り上がるか、あぜ道を堰のほうまで進み駐車して釣り下がるのもいい。

このポイントは堰より瀬、ブッツケ、大淵と変化に富んだ流れ。下流にもゴロタ石や大石が点在するアマゴの1級ポイントだ。

私は堰より釣り下がるのだが、特に大淵はていねいに探るようにしている。なぜなら、この大淵が多くのアマゴをストックしていると考えているからだ。水のある時、水の少ない時で魚の付く場所が変化し、魚の食いも違う。それを見つけて釣るのがとても楽しい。また、平水より少し水が多いくらいの時に、このエリアに入れれば大釣りも期待できる。エリア的には堰から紀勢本線の陸橋までを頑張ってねらってもらいたい。

【支流・唐子川のポイント】

JR紀勢本線大内山駅近くで本流へと注ぐ支流の唐子川もおすすめの釣り場だ。その代表的なポイントを、一番上の堰堤より順次紹介したい。

●最上流・砂防堰堤

この堰堤により上流が禁漁区となる。禁漁区の看板近くに駐車スペースがあり車を停めやすいのだが、ガードレールなどなく、駐車スペースのすぐ下が堰堤。ぎりぎりに駐車すると崩れて堰堤に落ちてしまうので、ゆとりを持って駐車していただきたい。入渓点も分かりやすく、少し下にケモノ道のような杣道があるので、これを利用して入渓できる。

ポイントは堰堤の落ち込みの淵である。上流より大雨や台風などの増水で

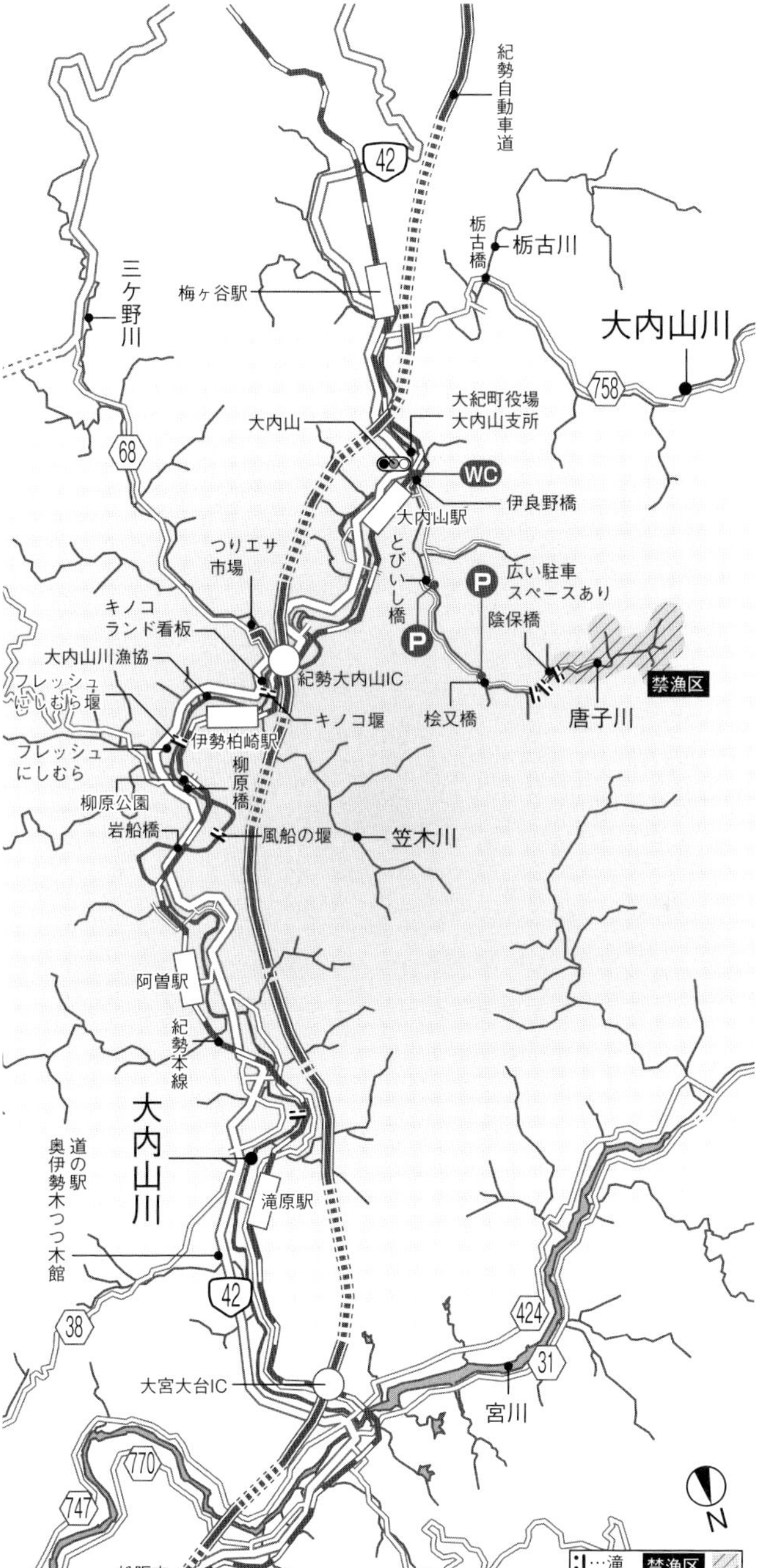

唐子川・2つめ堰堤下の大淵を望む

唐子川・とびいし橋下流。ここから釣り下る人もいる。初心者でも釣りやすい

解禁初日の私の釣果。放流魚に天然が混じってくる

唐子川・1つめの堰堤上の駐車スペースより渓を望む。この大淵に大型が潜んでいる

落ちてきた天然アマゴが、大淵で大きく育ち岩盤の隙間に潜んでエサを待ちかまえている。私もこのポイントで泣き尺クラスを手にしている。

●上流より2つめの堰堤

この堰堤も基本的に漁協が放流しない限り天然オンリーである。駐車スペースは上流の堰堤より下がってくると右カーブしており、そのカーブの所に車1台駐車できる。入渓点は駐車スペースの少し下にガードレールがあり、その切れ目より入渓できるが急勾配となる。自信のない方は歩いて3つめの堰堤まですぐなので、その堰堤の上より入渓するのがおすすめだ。

堰堤付近は渓相もよく、大石がゴロゴロの流れに、小さな落ち込みや大淵、小淵、瀬などが小さくまとまっていて楽しい。ただ、大岩が点々として落差があるので注意してほしい。

●上流より3つめの堰堤

この堰堤は駐車スペース、入渓点も分かりやすく、どこからでも入れる。水が少ない時期でも堰堤より水は出ており落ち込みをねらってほしい。ここは、2つめの堰堤より入渓しやすいので初心者にもおすすめだ。

桧又橋から釣り上がることもできる。チャラ瀬が続き高水温時などはこの瀬にヒレピンアマゴが出てくる。

紹介した堰堤すべてにいえることだが、渇水時なら5・4mのサオでも堰堤下まで届くのだが、水量が安定している時や少し水が多い時などは7m前後のサオを用意して頂きたい。

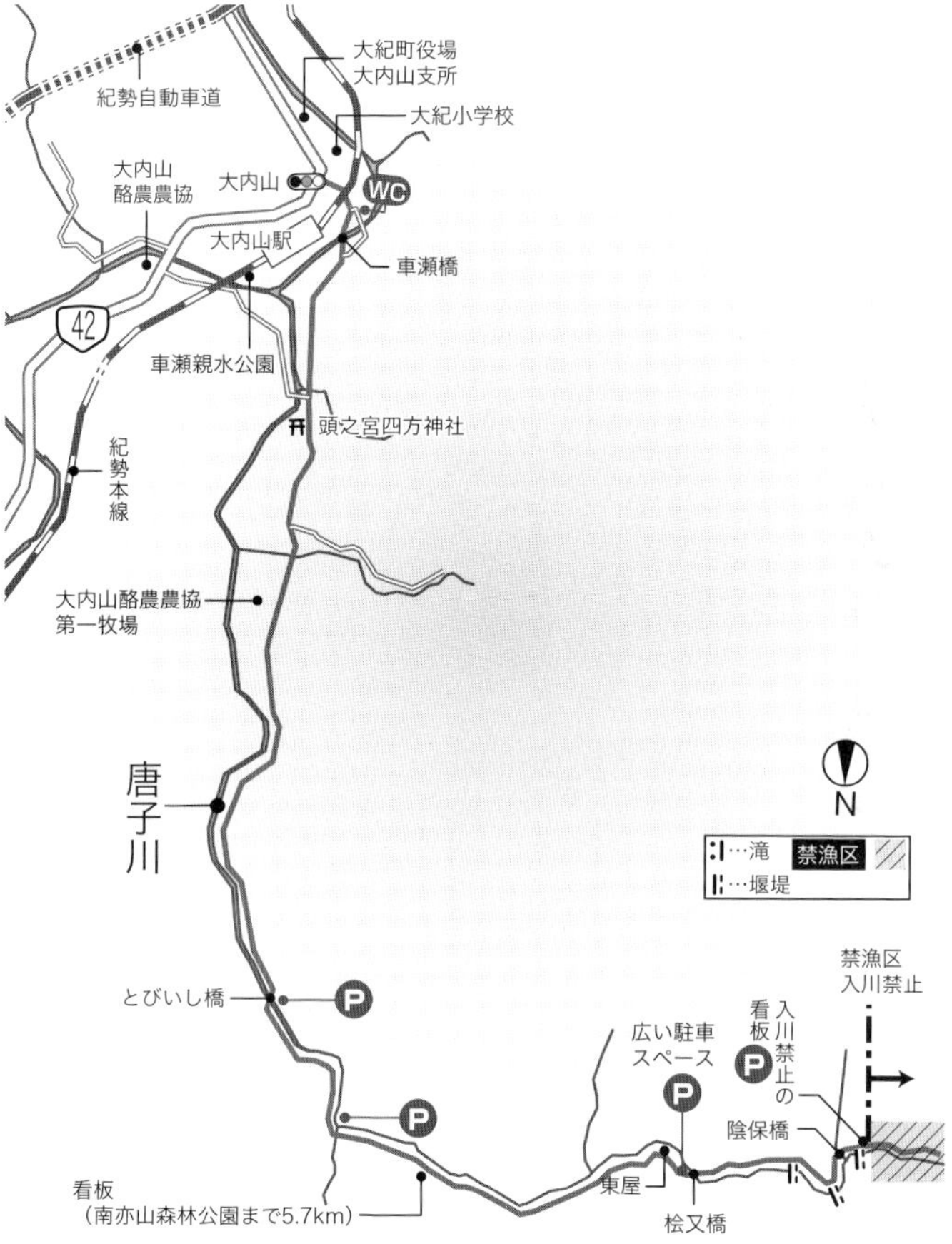

●桧又橋～とびいし橋

私が唐子川へ釣行した際は必ず流すポイントだ。桧又橋には広い駐車スペースがあり、とびいし橋には、橋の横に駐車スペースがある。

入渓点はいずれも橋のたもとより入渓できる。谷の釣りは、釣り上がりがセオリーだが、とびいし橋に先行者の車があるなら、桧又橋より釣り下ればよい。一日真剣にやるなら、リュックに食べ物と飲み物を詰めていくといい。橋から橋まで釣って一日が終わるくらいだ。また、渓から林道までは遠くないので途中で上がることもできる。大石、淵、落ち込み、瀬と無数にポイントが点在し釣り人を飽きさせない。

ここは木が多いので、3～4m前後のサオが取り回しよくアプローチしやすい。エサは川虫を中心にブドウ虫がおすすめだ。石の下よりアマゴが猛然とアタックしてくれる。

最後になるが、紹介した大内山川本流や唐子川以外にも数多くのポイントがあるので、ぜひ足を運んで自分の目で見て感じて、よい場所を探し出していただきたい。

（和田）

宮川水系

宮《み》川《や》

ダム上は日本三大渓谷の誉れ高き谷
一日では釣りきれないスケール。大杉谷は余裕ある釣行を

三重県を代表する渓といえば、宮川である。上流部の大杉谷は日本三大渓谷として知られ、渓相美、水の透明度から「関西の黒部」とも称される。台高山脈の最高峰日出ヶ岳に源を発し、渓谷を流れ宮川ダムに注ぐ。ダムからは東へと流れを変え伊勢湾に流れ込む一級河川である。

宮川のアマゴ釣り場は、大台地区の三瀬谷《みせだに》ダムから上流の宮川ダムまでの本支流と、宮川ダム上流（大杉谷渓谷）に二分される。

宮川上流漁協管内の釣り場は三瀬谷ダム上流となる。本流は道路と川の高低差があり大淵、トロ、瀬と変化に富んだ流れを見せる。

時期になるとダムから遡上するアマゴが大きくサオを曲げてくれるため、気の抜けない流れでもあるが、領内地区までは入渓場所を見つけるのが難しいかもしれない。まず下流部から本支流を紹介したい。

information
●河川名　宮川
●釣り場位置　三重県多気郡大台町
●主な対象魚　アマゴ
●解禁期間　3月1日～9月30日
●遊漁料　日釣券1000円（3月31日まで1600円）・年券4400円
●管轄漁協　宮川上流漁業協同組合（Tel0598-77-2110）
●最寄の遊漁券発売所　宮川上流漁業協同組合（滝谷・Tel0598-77-2110）、金塚理髪店（薗・Tel0598-76-0347）、山吉商店（大杉・Tel0598-78-3319）、もみじ館（下真手・Tel0598-76-1313）
●交通　紀勢自動車道・大宮大台ICより県道31号、R422を経て、県道53号で宮川ダムへ

領内地区の本流を望む。大淵、トロ、瀬と変化に富だ渓相を見せる

●宮川ダム下流部

県道31号を走り大きなトンネルを越えると小切畑地区に入る。信号を左折し本流に架かる橋を渡りフォレストピア方面に進むと、薗川沿いに上流へ向かえる。行き止まりで「奥伊勢フォレストピア・わんぱく広場」に出る。これより上流は子供専用区になるため、ここまでの間が釣り場となる。放流量も多く、家族連れでもアマゴ釣りが楽しめる。

県道に戻りさらに上流に走ると明豆地区に出る。Y字路の右手側鳥居をくぐり抜けるとR422が粟谷川と平行して走る。特に人家周辺に放流があるので、それを目安にサオをだすとよい釣りができる。

鳥居をくぐらず直進すると（こちらもR422）本流に沿いながら領内地区に入る。久保井戸橋を渡り、直進して山道に入れば島谷の流れで、実積も

落滝橋と本流を望む。左手より春日谷が本流へ合流する

本流へ合流する島谷の流れ。実積も高く面白い渓だ

大熊谷との出合付近の渓相。大熊谷も短い流程だが天然魚がサオを曲げてくれる

漁協組合事務所裏の流れを望む。メリハリのある捨てがたいポイント

高く面白い谷である。

その上手が滝谷地区で、落滝橋を渡り直進すると春日谷である。この谷では尺上アマゴも釣れたと聞く。特に出合すぐの小淵がいいとのことだ。

また、本流出合周辺は私もよくサオをだしており、200mほど釣り下ると神滝区の淵がある。尺アマゴがねらえる好ポイントだ。

国道を進み新しいトンネルを抜けると宮川上流漁協の事務所がある。その裏の本流も捨てがたいポイントだ。

さらに進むと右側から大熊谷が本流に出合う。過去に私が一番よくサオをだした谷でもあり、短い流程だが天然魚がサオを曲げてくれる。また、本流の大熊谷出合付近、上下流もぜひサオをだしてみたい流れでもある。

その上流が檜原地区で、対岸より檜原谷が合流する。岩井橋を渡り細い道路を上流に走ると、対岸に渡る小橋がある。このあたりから上流が野又谷と

宮川の核心部となる大杉谷入口。大日嵓の登山道を望む

大熊谷出合付近の本流。上流部も面白いポイントでサオをだしてみたい

なり、アマゴの姿を見ることができる。

　檜原地区から上流域は宮川ダム下になるので割愛させてもらうが、紹介していない浦谷、唐櫃谷、始神谷、カラスキ谷、古ヶ谷などもアマゴの放流がされているので、増水時にはよい釣りができるだろう。

　また、本流の大場所ではルアーマンが粘る姿を目にしているので、エサ釣りの方もぜひ長ザオでじっくりと探り、大型を手にされたい。

●宮川ダム上流部・大杉谷

　国道に戻り上流へ走ると宮川ダムが目に入る、橋を渡り道なりに進むと右手にダム湖が目に飛び込む、このダム湖には対岸より垣外俣谷、大和谷、父ヶ谷が流入している。そして本流の大杉谷渓谷には、ダム湖に架かる新大杉谷橋を渡り道なりに進む。ちなみに、橋手前を進むと桑木谷となる。

　各支流には天然アマゴが生息しているが、垣外俣谷と大和谷はヤマビルが多いので要注意。

　父ヶ谷は山道が途中で通行止となる。渓相も険しく特にバックウオーターから鎌滝までの間は単独釣行は避けてもらいたい。

　本流となる大杉谷は宮川の核心部。行き止まりが旧第三発電所終点。この付近には私の所属する三重渓流倶楽部も漁協の了解のもと37年間に渡ってアマゴの卵放流を行なっている。

　車止からすぐに大杉谷となる。目の前に大日嵓《だいにちぐら》がそびえ立つ。その中ほどに登山道がくり抜かれ、鎖を頼りに渓谷の深い流れを見て渡る。それを過ぎると渓谷で一番なだらかな地獄原で、ここからサオをだし釣り上がることもできる。

　さらに上流へ進むと、上りの登山道になり左手に千尋滝が望める。ここまで約1時間40分の行程。この滝からさらに険しい山道を進むこと1時間ほどでシシ淵となり、間近に見えるニコニコ滝が疲れた身体を癒してくれる。

　さらに進むと垂直に切り立った平等嵓がその壮大な姿を現す。それを過ぎると右側から流れ込むのが不動谷。しかし釣り上がれるのは不動滝までだ。

大杉谷は健脚向きの山岳渓流。写真は千尋滝

本流に左側から桧原谷川の流れが合わさる。変化のある渓相だ

源流域となるシシ淵より上流を
望む。ベテラン向きの山岳渓流

支流となる薗川の渓相を望む

そして、その上手に桃の木小屋が日に入る。ここまで釣らず歩くと健脚の人で4時間強、釣りながらでは丸一日の行程となる。

大杉谷を代表する滝が桃の木小屋から上流の七ッ釜滝であるが、全行程を釣り上がるには3泊4日から5日の計画が必要となる。日帰り釣行ならば、時間と体力を考えて桃の木小屋までが限界である。

本流では7～8mクラスのサオが必要で、谷では4～6mのサオでポイントにあまり近づかないほうが得策。

大杉谷では時間に余裕をもって安全にルールを守り釣行してもらいたい。また、源流といえどもかならず遊漁券を購入して楽しく釣りをしていただきたい。

最後に、駐車だが杉林の間や広場にスペースはある。私有地の庭などに注意して、くれぐれも地元と交通の邪魔にならないよう注意されたい。（野田）

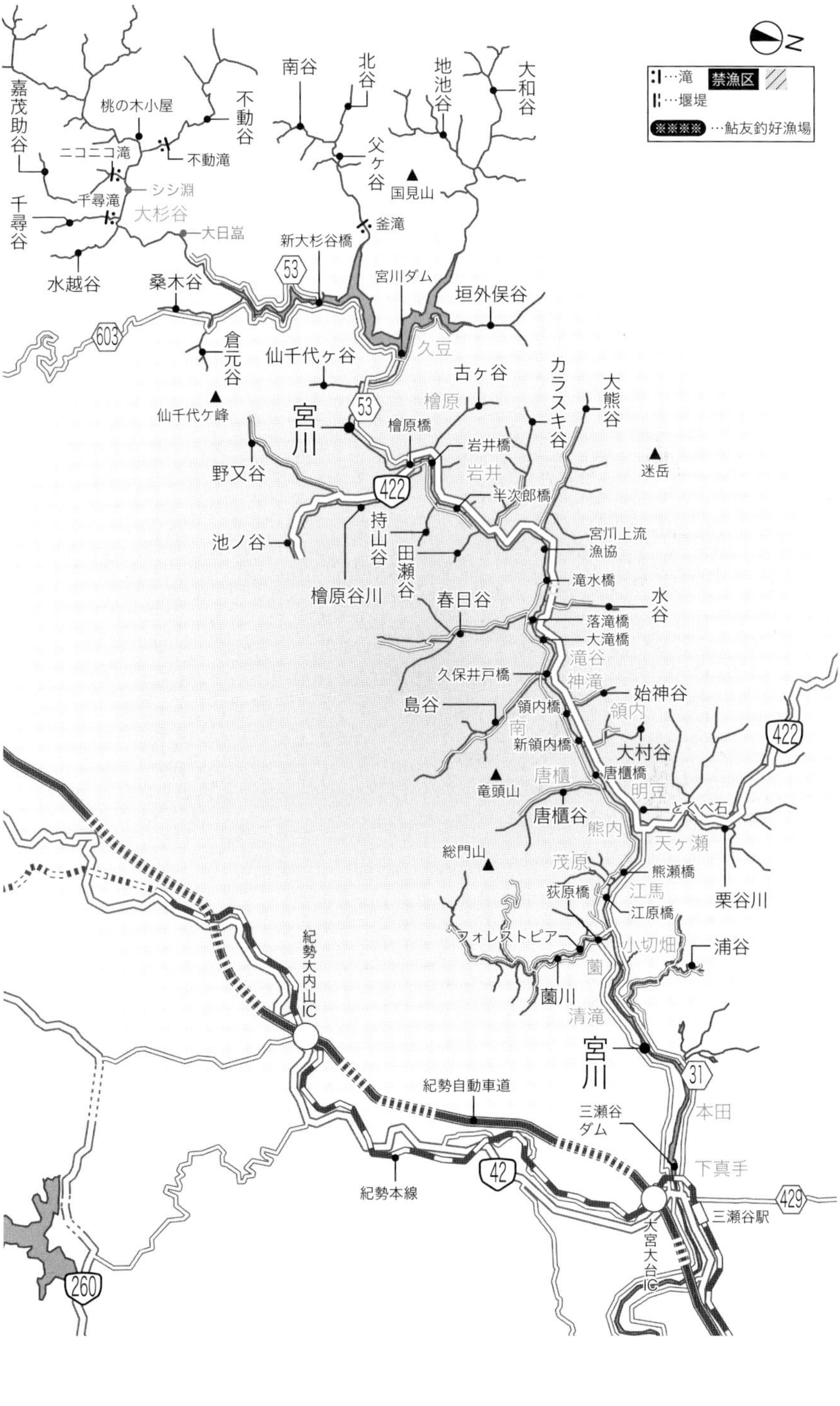
…滝
禁漁区
…堰堤
…鮎友釣好漁場
嘉茂助谷
桃の木小屋
不動谷
ニコニコ滝
不動滝
シシ淵
千尋滝
千尋谷
大杉谷
大日嵓
水越谷
桑木谷
南谷
北谷
父ヶ谷
地池谷
大和谷
国見山
釜滝
新大杉谷橋
53
宮川ダム
垣外俣谷
603
倉元谷
仙千代ヶ谷
久豆
仙千代ケ峰
古ヶ谷
檜原
カラスキ谷
大熊谷
宮川
檜原橋
岩井橋
岩井
野又谷
迷岳
422
半次郎橋
持山谷
池ノ谷
田瀬谷
宮川上流
漁協
檜原谷川
滝水橋
春日谷
水谷
落滝橋
大滝橋
滝谷
久保井戸橋
神滝
始神谷
島谷
領内橋
領内
南
新領内橋
大村谷
唐櫃橋
唐櫃
竜頭山
明豆
とべ石
唐櫃谷
熊内
天ヶ瀬
総門山
茂原
熊瀬橋
荻原橋
江馬
江原橋
栗谷川
フォレストピア
小切畑
浦谷
薗
薗川
清滝
紀勢大内山IC
宮川
31
紀勢自動車道
本田
三瀬谷ダム
下真手
紀勢本線
42
429
三瀬谷駅
大宮大台IC
260

櫛田川水系

櫛田川《くしだ》

全体的には比較的入渓しやすくベテランから家族連れまで楽しめる
増水後の大淵や堰堤下には尺オーバーのアマゴが潜んでいることも

櫛田川上流漁協管内最初のポイントとなる田引地区の本流の渓相

紀勢自動車道・勢和多気ICを降り、R368を経由してR166へ入り道なりで櫛田川上流へと向う。約50分走ると、道の駅飯高駅を左に見て10分ほどで初めてのトンネル（田引トンネル）を抜けると櫛田川上流漁業協同組合管内となり、アマゴ釣りが楽しめるエリアとなる。

本流の一部と上流部本・支流には入渓困難な所もあるが、全体的には比較的入渓も楽でベテランから家族連れまで楽しめる流れである。

特に6月以降の増水後は大淵や堰堤下で尺オーバーの大アマゴが姿を見せることが度々あるので、気が抜けない川でもある。

●蓮川《はちす》はダム下の区間がおすすめ

田引トンネル上手の田引地区上流から本・支流は毎年3月第1週目の日曜日が解禁日となり、アマゴの成魚放流が行なわれ多くの釣り人が訪れる。また4月後半にも追加放流があり魚影は申し分ない。

田引地区から本流の森地区までの間は大場所が多く、5月以降にはヒレの張った幅広アマゴがサオを曲げてくれる。森地区で櫛田川は二手に分かれるが、この地区までの支流でねらいめなのが奥山川、地の添川、福本川、湯谷川などで、アマゴの放流もあり解禁日は賑わいをみせる。

私も一度福本川へ入渓したことがある。谷を専門に釣行されている人から、解禁後でもアマゴの姿が見えるという話を聞いたからだ。

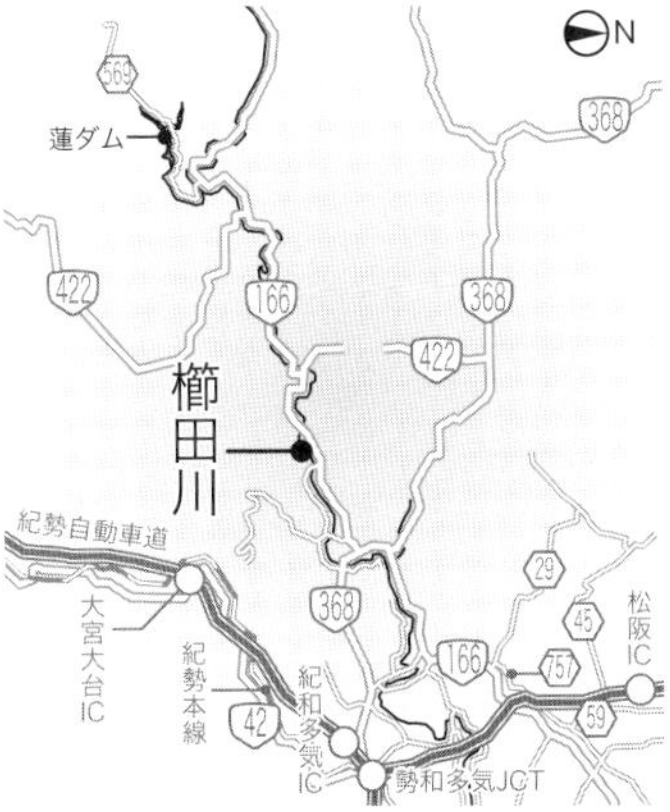

森地区の流れ。正面の流れが蓮川で
右川の本流と合流する

information

●河川名　櫛田川
●釣り場位置　三重県松阪市
●主な対象魚　アマゴ
●解禁期間　3月3日～9月30日
●遊漁料　日釣券3000円・年券5000円
●管轄漁協　櫛田川上流漁業協同組合（Tel0598-47-0637）
●最寄の遊漁券発売所　つるや商店（宮本 Tel0598-45-0383）、かみや商店（加波 Tel0598-47-0008）
●交通　紀勢自動車道・勢和多気ICよりR368、166で上流部へ

合流点から国道を直進すると並行するのが波瀬川（櫛田川本流）で、左折すると県道569号に沿う流れが蓮川と名称を変る。私が最も好きなフィールドで、蓮ダム下の堰堤下までが年間を通して私が一番多く釣行する場所だ。特に6～8月の出水後、大アマゴねらいで期待に胸を膨らませながらサオをだす瞬間がたまらなく好きである。

蓮川のポイントは県道に入り50mほどで左手にスーパーがあり、その前の沈橋上下の大場所、その上手に森の堰堤、そして通称・曲淵、県道から外れ川沿いに進むと、蓮ダム直下の堰堤がねらいめ。なお、ダム直下のプールは禁漁区なので注意していただきたい。

県道をダム上へ走ると左手より布引谷川がダム湖に流入しているが、釣り場が少なく険しい渓なので注意して釣行してもらいたい。

県道をダム沿いに走ると前方のバックウオーターが青田川の流れとなる。左折して辻堂橋を渡りトンネルを抜けると蓮川が眼下に見えてくる。山道を進むと江馬小屋谷が左側に見える。この谷では天然ものに出会えるが数は多く望めない。

これより上流の本、支流は現在（H31）災害復旧工事のため禁漁区となるので注意していただきたい。

●青田川上流は天然アマゴも。波瀬川は解禁直後から本流アマゴがねらえる

辻堂橋まで戻り、橋を渡って左折し

波瀬地区の渓相。雨後の増水時にいい釣りができる

蓮川のスーパー前の渓相。蓮川で最初のポイントで奥に沈下橋が見える

青田川のバックウオーター沿いを走ると、左下手に堰堤が見える。このポイントも時期になるとサツキマスや大アマゴがねらえる。それより上流の本流筋は春になるとマムシの姿をよく見かけるので足元に注意していただきたい。

道路は峠越えとなりR166に合流する。一方、落下式発電所に至る道路はすぐに車止となる。青田川中流部は道路との落差が険しく入渓困難な所が多い。さらに小橋を幾つも渡ると源流となり道が切れる。この下手から上流は放流されておらず、釣れるアマゴは天然となる。

蓮川は全体的に7~8mクラスのサオが最適で、予想以上の大ものが掛かることもあり、仕掛けは0・5号以上が安心である。支流の場合は4~5mザオが操作性もよい。気持ち太仕掛けでトラブルを少なくして釣り上ったほうが効率がいいと思う。

森地区の合流点から波瀬川を見ながら進むと乙栗子《おとぐるす》の橋に出る。手前の旧道に入るとポイントが見えてくる。この地区は解禁後でも本流アマゴがねらえ、河原も比較的平坦で上流の国道の橋上手までが釣り場となる。

さらに走ると月出川と合流するが、国道から見ることはできない。橋直下の大淵やその下手の淵などはアマゴが溜まるポイントである（月出川は特別遊漁券が必要）。さらに進みトンネル手前で右折し旧道に入ると舟戸川の合流点である。渓は広くないがアマゴを手にすることができる。本流の上下の大淵、小淵も探ると面白い。

これより上流が波瀬地区で大橋から宿泊施設の山林舎までの間は雨後にいい釣りができる場合がある。サオは5mクラスが最適だと思う。

両渓とも必ず遊漁券を購入のうえ、ルール、マナーを守って渓流釣りを満喫されたい。

（野田）

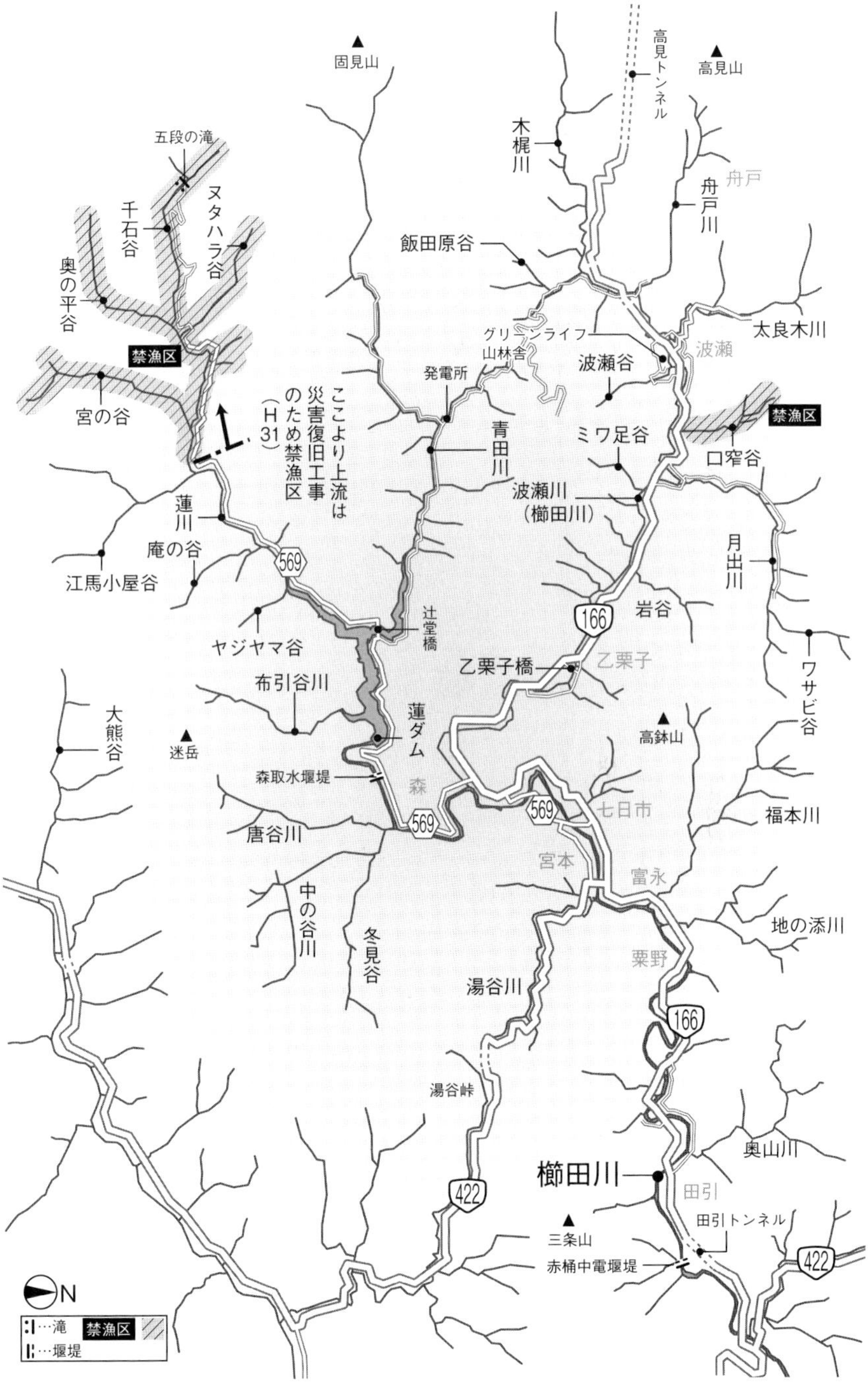
固見山
高見トンネル
高見山
五段の滝
木梶川
舟戸
舟戸川
千石谷
ヌタハラ谷
奥の平谷
飯田原谷
太良木川
グリーンライフ山林舎
波瀬
禁漁区
波瀬谷
発電所
宮の谷
ここより上流は災害復旧工事のため禁漁区（H31）
青田川
ミワ足谷
禁漁区
口窄谷
波瀬川（櫛田川）
蓮川
庵の谷
月出川
江馬小屋谷
569
166
岩谷
辻堂橋
ヤジヤマ谷
乙栗子橋
乙栗子
ワサビ谷
布引谷川
蓮ダム
高鉢山
大熊谷
迷岳
森取水堰堤
森
七日市
569
福本川
569
唐谷川
宮本
富永
中の谷川
地の添川
冬見谷
栗野
湯谷川
166
湯谷峠
奥山川
櫛田川
田引
422
三条山
田引トンネル
赤桶中電堰堤
422
N
…滝
禁漁区
…堰堤

丹生川《にゅう》

「玉川峡」の名勝で知られる穏やかな美渓
落差の少ない入渓しやすい流れは家族でも楽しめる

和歌山県を流下する紀の川支流の丹生川。紀の川水系には奈良県に同名の別支流が存在することから、紀伊丹生川として呼び分けることもある。丹生川は古くから関西では有名なアマゴ・アユ釣り場である。

世界遺産・高野山の摩尼山や高野町富貴地区を源流とし、橋本市・九度山町を流れ、流程は約30㎞である。右岸側に県道102号「宿《やどり》九度山線」が通り、車中から穏やかな流れの景観を楽しみながら走ることができる。

そんな丹生川のメイン釣り場が玉川峡。峡谷は自然豊かな景勝地で、和歌山県の名勝に指定され、美しい岩石の「玉川四十八石」として名高い。「温泉総選挙2018・ファミリー部門」で1位となった「やどり温泉いやしの湯」もある（遊漁券を提示すると入湯料が割引になる）。夏休み期間中はキ

葵茶屋のキャンプ場の流れで行なわれた「ファミリーアマゴ釣り教室」のようす

information

●河川名　紀の川水系丹生川
●釣り場位置　和歌山県九度山町、橋本市
●主な対象魚　アマゴ
●解禁期間　3月3日～9月30日
●遊漁料　日釣券3240円・年券4320円
●管轄漁協　玉川漁業協同組合（Tel0736-54-4640）
●最寄の遊漁券発売所　葵茶屋（Tel0736-54-2152）、小林オトリ店（Tel0736-32-8168）
●交通　京奈和自動車道・橋本ICよりR370または371を経由して県道102号で玉川峡へ

いやしの湯周辺の流れ。入渓もしやすく上下流ともに釣りやすい

ャンプや川遊びを楽しむ家族連れで周辺は大賑わいになる。また、6月下旬にはゲンジボタルの乱舞を見ることができる。

●入渓しやすい渓

アマゴの解禁は例年3月第1日曜日。玉川漁協（組合長・瀬岡昌弘）では毎年成魚と稚魚を放流している。成魚は解禁前日に放流。2019年度は岐阜県・馬瀬川産を上流・下流部ともこまめに放流を行ない、すべての釣り人が楽しめるようにと心掛けている。例年ボランティアを含め約20名で放流作業が行なわれている。

稚魚は例年6月中旬に1万7000尾を支流（清川・北又川）や筒香地区の河合橋～宿橋間に放流している。

入川道は毎年よく整備されていて、道からすぐに降りられる場所が多いため、初心者や女性、年配の釣り人にも入川しやすい。ガードレール沿いに青

市平橋より下流を望む。変化に富んだ流れへは右岸から入渓できる

北又川との出合付近の流れ。深い淵は解禁当初から釣果が望める

朱点の鮮やかな丹生川のアマゴ

桜並木の駐車場前の流れ。大きな駐車場があり、その前で釣れる

いテープが巻かれている所が入渓点の印で、そこから渓へ降りられる。

例年3月下旬には「ファミリーあまご釣り教室」を開催し、子供たちに川釣りの楽しさを体験してもらうことで自然の素晴らしさと、釣りの楽しさを広めている。釣りたての魚を炭でゆっくりと塩焼きにして振る舞うサービスも実施しているので、興味のある方は漁協のホームページを参照していただきたい。

●瀬に出るシーズンが面白い

丹生川は全体に入渓しやすい流れだが、上下流部ともに透き通った清流は川底まで見通すことができる。解禁直後はまんべんなく行なわれる成魚放流の成果で、全域で釣果が得られる。そして楽しくなるのは5月の連休以降で、瀬で活発にエサを追う。エサは川虫がベストで、ヒラタを採取して釣るとよい。ヒラタは初期は下流に多く、水温が上がるとともに上流でも捕れるようになる。雨が降り、増水後に釣行すると思わぬ大ものが出るので太仕掛けで挑んでいただきたい。

渓に沿う道は道幅が狭いので、通行には充分な注意と譲り合いを心掛けたい。

最後に、国土交通省は2002年、計画中だった紀伊丹生川ダム建設の中止を発表した。大事な自然が守られ安堵したものだ。この時ダム建設の補償目当てか!?　800名に漁協組合員が急増、中止で200名まで減少した。なにやら人間の愚かな面を見たようで苦笑してしまった。（辻本）

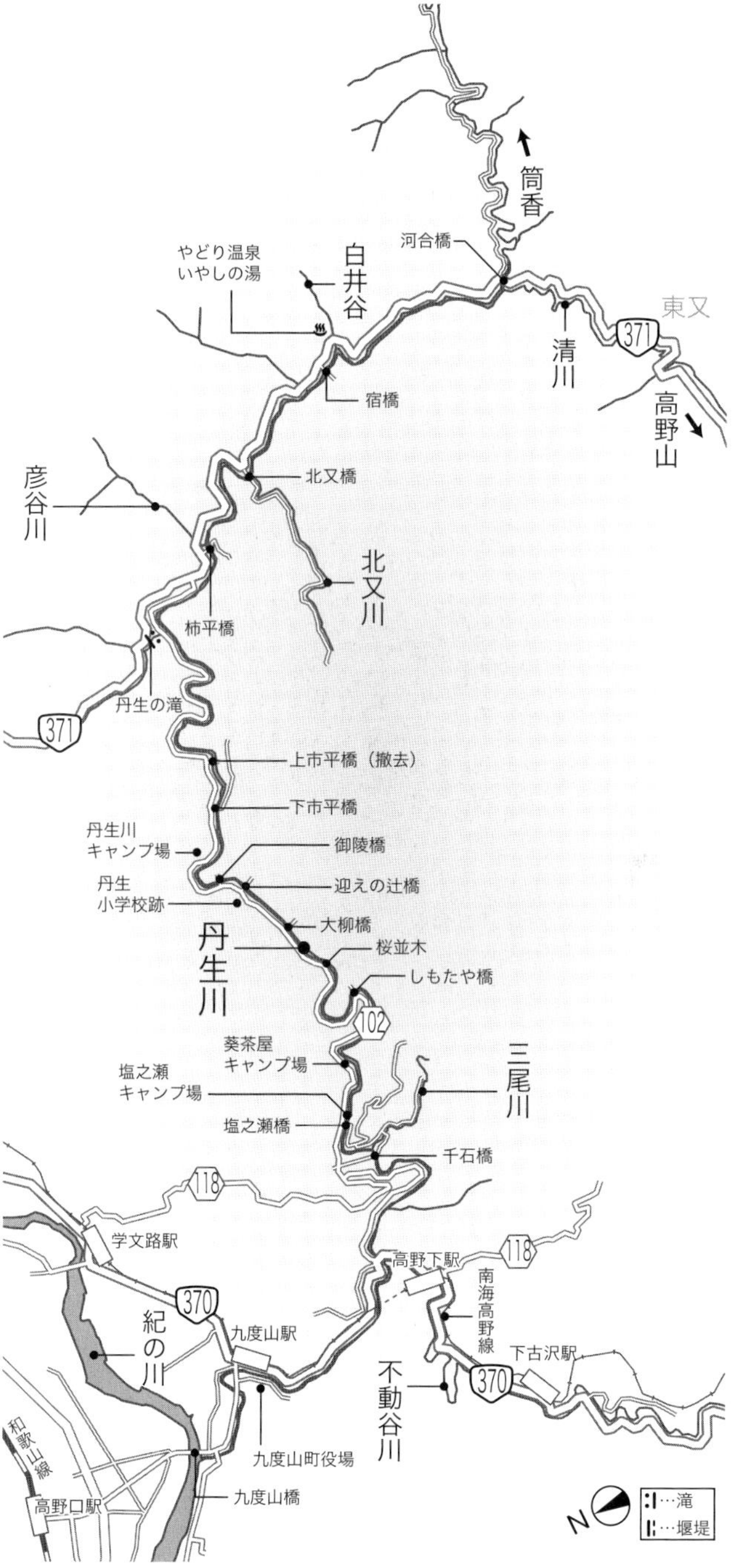

五反田橋下にある堰堤の溜まり。大ものが潜む

紀の川水系

貴《き》志《し》川

京阪神からも比較的近いアクセス容易&穴場的な渓 開けたおおらかな流れは渓流釣り入門にも最適

和歌山県内の主な河川は、全国的に「アユの川」というイメージが強いが、各漁協では主に上流域や各支流に毎年アマゴの稚魚、成魚放流を行なっている。そのため初心者から上級者まで、幅広い層の釣り人が渓流釣りを楽しめる河川がいくつもある。

今回紹介する貴志川は、和歌山県北部を流れる紀の川水系の支流で、高野山を源に紀の川へと注ぐ。京阪神からも近く、上流にダムがないので水質は非常によく、驚くほどきれいな川である。解禁日でも人が少なく、県内渓流釣りの穴場的な存在で、渓流釣りの入門にもふさわしい川といえる。

中下流域はアユ釣りがメインとなるが、上流域の「紀美野町毛原上」から「かつらぎ町新城」あたりまでが渓流釣りにはおすすめのフィールド。近年の環境変化などに伴い、上流域に成魚放流を行なっている。

上流域は水量も少なく、全体的にフラットな川相で釣りやすい。また、増水後の濁りや水が引くのが非常に早く、1日経てば釣り可能になる場合が多いのでありがたい川である。

使用するサオは5・3m前後。仕掛も市販のもので充分通用する。エサは、初期はイクラを使用するのが一番で、スレてくるとブドウ虫、キヂ（ミミズ）、川虫が有効となる。

この川は成魚放流のみで（今のところ稚魚放流はしていない）、解禁前の放流と解禁後に追加放流を行なっている。釣り人が少なく、川沿いに国道が走っており、入川も楽にできる場所が

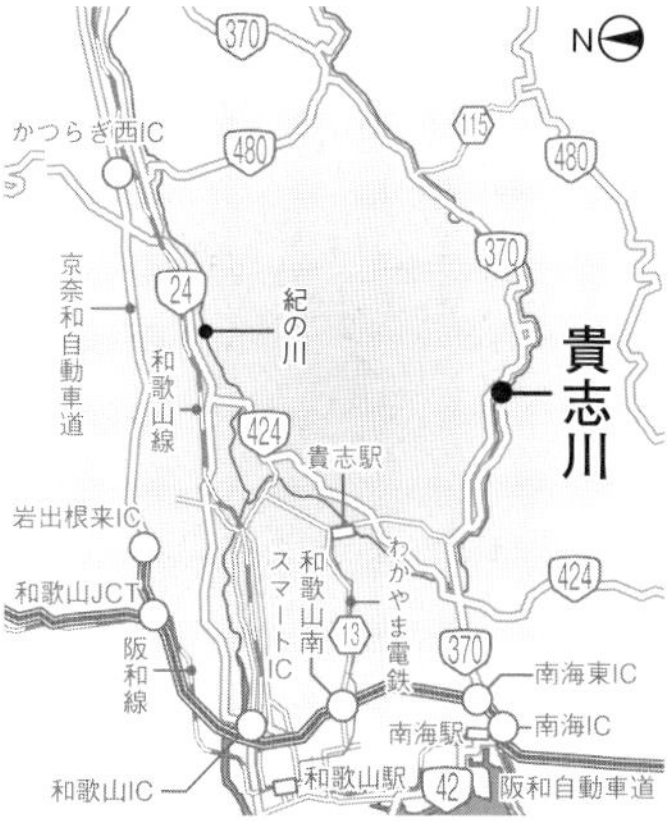

五反田橋上流の流れ。中央に見える堰堤からの流れを探る

多く、好みの渓相でのんびり釣りができるのが特徴だが、その期間はアユが解禁する前の5月末頃までとなり、少し物足りない感じもする。

それでは、貴志川の主なポイントを下流域から順に紹介したい。

●五反田橋周辺

下流域のおすすめは五反田橋周辺。国道からは望めない橋で、毛原トンネルの手前もしくは通過したところで旧道へ出て到る。橋の下が堰堤でその下に大きな淵がある。水深は約2～3mあり、放流も多く少し深めをねらうとよい。堰堤の上にも放流されているが川幅が広くルアー、フライ釣りに適した場所となっている。駐車スペースもあり入川道もわかりやすい。

また、少し上流にも堰堤があり、この堰堤下から下流も好ポイントとなっている。

●柳生橋周辺

柳生橋は有田川上流の花園方面に行く橋で、橋の下から下流の公衆トイレ付近までが瀬と淵が続く好ポイント。放流が多く、国道から淵をのぞくと魚影が確認できる。ただ、人気のある場所なのでスレるのも早い。入川は橋のたもとと公衆トイレから楽に降りられる。橋の手前、公衆トイレには駐車スペースもある。

この橋の上流、通称「松の木」と呼ばれるところもよいポイントだが、入

information

●河川名　紀の川水系貴志川
●釣り場位置　和歌山県海草郡紀美野町～伊都郡かつらぎ町
●主な対象魚　アマゴ
●解禁期間　3月2日～9月30日
●遊漁料　日釣券3240円・年券5400円
●管轄漁協　貴志川漁業協同組合（Tel073-495-2114）
●最寄の遊漁券発売所　たまゆらの里（Tel073-499-0613）、美里の湯かじか荘（Tel073-498-0102）、貴志川漁業協同組合（Tel073-495-2114）
●交通　京奈和自動車道・かつらぎ西ICよりR480、370を経由して川へ

柳生橋下流の流れ。人気の高いポイントだ

谷口橋上流の渓相。柳生橋と「たまゆらの里」の中間に位置する

観音橋上流の堰堤を望む

最上流部となる、かつらぎ町下新城付近の渓相

川道が分かりにくいので橋から釣り上がるとよい。

●たまゆらの里周辺から上流

リゾートコテージ「たまゆらの里」周辺は、入川が楽で比較的安全で釣りやすいポイントがたくさんある。すぐ上にある観音橋の上下流は瀬、淵と好ポイントの連続で、さらに少し上流の堰堤下の淵は毎年放流も多く人気のある場所。

たまゆらの里は、毎年5月中旬に「あまご釣り大会」が開催される場所で、放流の半分以上が川に残るため、大会後にねらうと尺近い大アマゴや思いがけない釣果に恵まれることもある。

あまご釣り大会だが、サオや仕掛け、エサ、昼食、アマゴの塩焼き1尾、デザート、飲み物付きで4000円。子供から大人まで楽しめる。

以上が、貴志川の代表的なポイントだが、ほかにも柳生橋とたまゆらの里の中間にある谷口橋周辺、最上流のかつらぎ町下新城なども見逃せない釣り場で、ルアー、フライ釣りに適したポイントもたくさんある。のどかな雰囲気の中で、ウグイスの声を聞きながら渓流釣りを楽しんでほしい。

なお、和歌山県内の全河川は「全長15㎝未満採捕禁止」をすすめているので注意が必要。

釣りで疲れた身体は、下流の紀美野町菅沢にある日帰り入浴可能な「美里の湯かじか荘」で癒すのもよい。宿泊も「たまゆらの里」「美里の湯かじか荘」のほかオートキャンプ場もある。6月中旬にはホタルが乱舞し、夏はキャンプ、川遊び、釣りもできるので家族連れ釣行に適している。（島田）

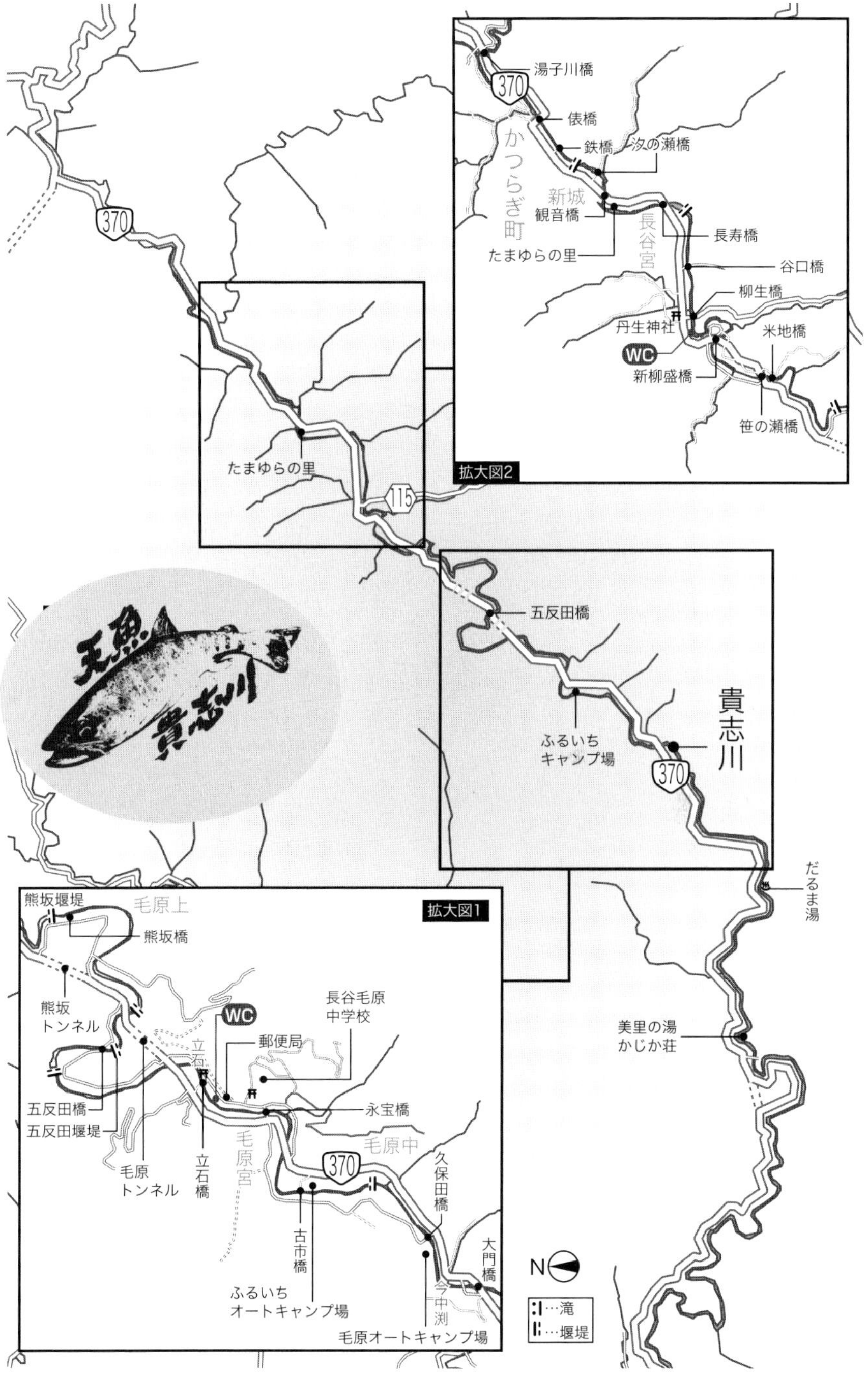

天魚 貴志川
370
115
たまゆらの里
五反田橋
ふるいち
キャンプ場
貴志川
だるま湯
美里の湯
かじか荘
拡大図2
湯子川橋
俵橋
鉄橋
汐の瀬橋
かつらぎ町
新城
観音橋
たまゆらの里
長谷宮
長寿橋
谷口橋
柳生橋
丹生神社
WC
米地橋
新柳盛橋
笹の瀬橋
拡大図1
熊坂堰堤
毛原上
熊坂橋
熊坂
トンネル
WC
長谷毛原
中学校
郵便局
立石
五反田橋
五反田堰堤
永宝橋
毛原中
毛原宮
毛原
トンネル
立石橋
久保田橋
古市橋
ふるいち
オートキャンプ場
大門橋
今中渕
毛原オートキャンプ場
N
…滝
…堰堤

有田川水系

有《あり》田《だ》川

ダム上流のメリハリある流れに尺アマゴが潜む 解禁期間は短いがそのぶん釣り人の姿も少ない

有田川はお隣の日高川と並んで日本一解禁の早いアユの名川として知られるが、アマゴとなると日高川のほうが知名度は高い。サオをだせる期間は3月第2土曜から6月30日と短いのも手伝い、アマゴをねらう釣り人の姿は少ない。

しかし、釣り人が少ないぶんスレていないアマゴも多く、面白い釣りが楽しめる。放流は禁漁期間に入った前年の7月に稚魚放流と、解禁前の成魚放流の2回行なわれている。放流場所は二川ダム下流の修理川、四村川、二川ダム上流の楠本川、上湯川、室川、花園・高野峡など。

【二川ダム上流】

さて、アマゴを釣る場合、エサは解禁日にはイクラがよいが、それ以降は川虫、キヂがおすすめだ。遊漁券はアユのオトリ店で販売しているが、エサの販売はほとんどされていない。イクラ、キヂは事前に釣具店で購入していただきたい。

川虫は現地で調達できる。細かい目のタモ網があれば、各ポイント付近でチャラ瀬などの小石を足でひっくり返しながらタモ網で受けていれば、短時

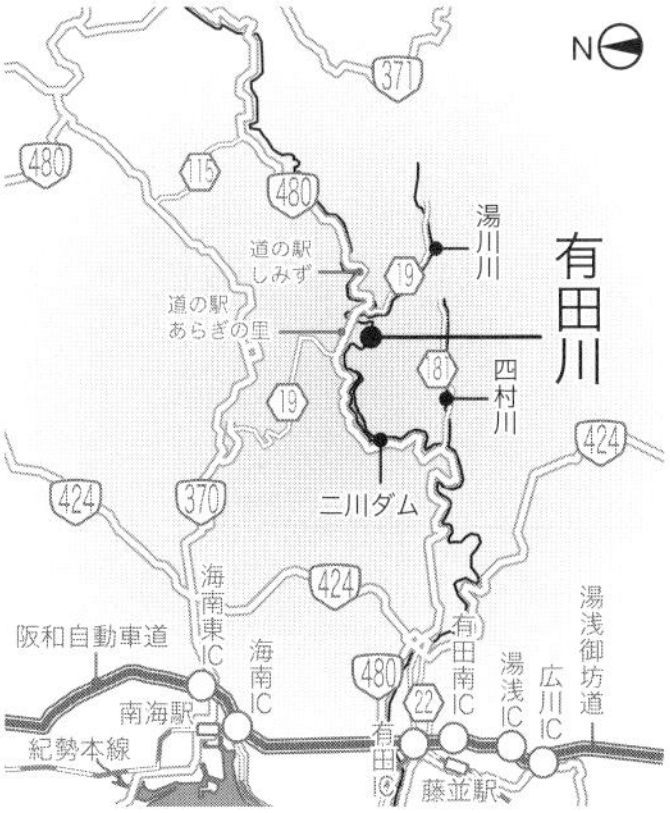

information

●河川名　有田川
●釣り場位置　和歌山県有田郡有田川町～かつらぎ町
●主な対象魚　アマゴ
●解禁期間　3月第2日曜日（特別解禁3月第2土曜日）～6月30日
●遊漁料　日釣券3240円・年券5400円（特別解禁は日釣券のみ5400円）
●管轄漁協　有田川漁業協同組合（Tel0737-52-4863）
●最寄の遊漁券発売所　西浦オトリ店（花園地区。Tel0737-26-0063）、芝崎オトリ店（押手地区。Tel0737-26-0413）、森谷オトリ店（井谷地区。Tel0737-26-0005）
●交通　阪和自動車道・有田ICより県道22号、R480で二川ダムを経由して上流の各ポイントへ

花園地区・梁瀬大橋周辺の流れ

間でエサは確保できる。クロカワ虫、キンパク、ピンチョロなどが多い。尺アマゴには川ムカデ（ヘビトンボ）も有効だ。

　数釣りなら各支流に入るほうがよい。特に支流の四村川、上湯川、室川は放流量も多く釣り場も多いので数釣りには適している。解禁日には3ケタ釣果も聞こえてくる。

　大きいアマゴに的を絞るなら、やはり本流は外せない。特にダム上流がよいだろう。本流への放流は花園、高野峡のみで、花園付近から下流への放流はされていないが、天然のきれいなアマゴが釣れる。

　ダム下流の本流にもアマゴの姿はあるが、数は極端に少ない。ただしサツキマスをねらうならダム下流がよい。

●各橋付近から上下流をねらう

　ここでは、長ザオを振れるダム上流の本流ポイントを紹介していきたい。

花園地区・鳥居橋より上流を望む

井谷地区・井谷吊橋より上流の流れを望む

押手地区に架かるはまて橋を下流より望む

上流のポイントは、花園地区から二川ダムのバックウオーター付近まで。ポイント間の距離が長く、ピンポイントを車で移動しながら探りたい。入渓点から見える範囲のポイントを探ったら、次のポイントへ車で移動するほうが効率よく探れる。

各釣り場とも淵、深瀬、荒瀬がポイントで、チャラ瀬などにはアマゴが付きにくい。尺アマゴの実績が高いのが花園地区～久野原地区。各橋付近からの入川がしやすい。おすすめは花園地区の梁瀬大橋、鳥居橋、押手地区のはまて橋、井谷地区の井谷吊橋、久野原地区の青地橋付近などだ。

各橋の上下流にはメリハリのある流れが多く、尺アマゴの実績が高い。サオは7～9mの本流ザオがあれば広範囲を探れるだろう。

5月中頃から禁漁期間前までが大型アマゴのチャンス。特に増水からの引水の時がねらいめで、ササニゴリなら

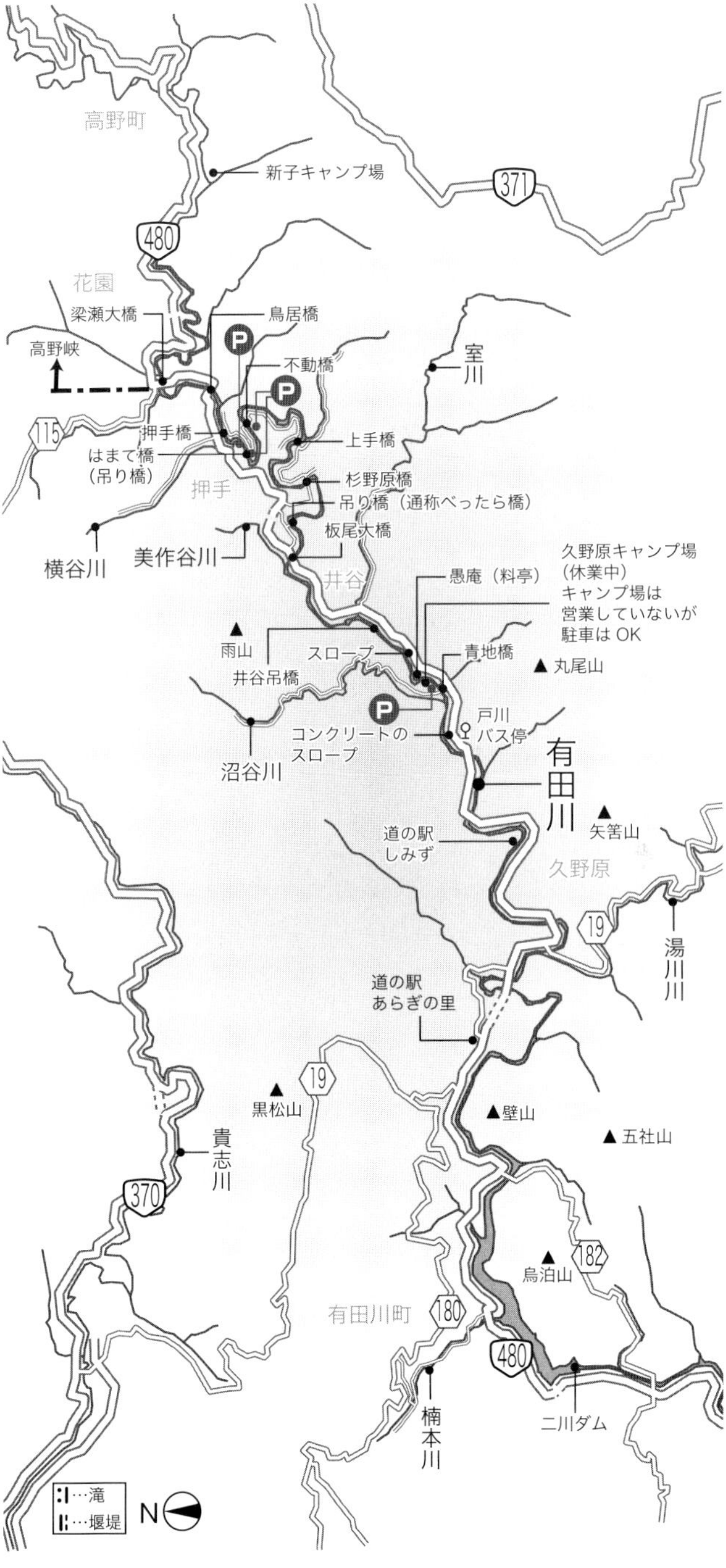

久野原地区・青地橋付近の渓相

エサはキヂで通したい。

有田川のアマゴは、川の流れが大きく変わらない限り毎年、同じところに同じ大きさのものが付くので、釣れたポイントは確実に覚えておくことが大切。5月からはアユも解禁になり、特に本流アマゴねらいの釣り人は少なくなるため、思わぬ好釣果も期待できる。数はあまり望めないが長ザオで尺アマゴと遊んでいただきたい。

（上西）

四《よ》村《む》川《ら》

二川ダム下で本流に合流するアマゴの有望な渓
渇水時は魚との知恵比べ、出水後の引き際がねらいめ

有田川は高野山に源を発し紀伊水道に注ぐ約97㎞の二級河川。その中流域に二川ダムがあり、ここで川は上下流に二分される。

二川ダム下流は本流・松原地区の前川橋から上流がアマゴ釣りの遊漁券が必要となる。アマゴの釣れるメインの支流は修理川と四村川になるが、今回は四村川を紹介したい。

●本流筋上流は源流のたたずまい

四村川は川合地区の川合橋上流の堰堤で由良谷川（南古谷川）が合流し、粟生地区で本流と合流する。粟生地区はダム下の上流域となり、岩倉発電所までの迂回線になる。

上流部で2つの流れに分かれる四村川だが、本流筋は（下流側から見て）左からの流れ。地元では左の流れを二沢川、右の流れを南古谷《なこだに》川と呼んでいる。また南古谷川には右岸から中尾谷川が合流している。

四村川はアユ釣り場としても人気のある河川で、増水に強い川としても知られている。有田川は各支流に前年に稚魚が放流され、また特別解禁の2日前から各支流に順次成魚が放流され魚影が多くなる。二沢川の成魚放流エリアは観音橋上流にアマゴの養殖場があり、そこから上流に放流される。

二沢川の上流部は両サイドが岩盤で、小さな滝つぼのようなポイントも見られる。谷に沿って道路があるものの、源流釣りのような雰囲気が楽しめる。

四村川の大城橋の少し上流に入渓点があり、そこから川合堰堤までは大きな石の入った早瀬やトロ場や淵、堰堤と変化に富んだポイントが続く

information

●河川名　有田川水系四村川
●釣り場位置　和歌山県有田郡有田川町
●主な対象魚　アマゴ
●解禁期間　3月第2日曜日（特別解禁3月第2土曜日）～6月30日
●遊漁料　日釣券3240円・年券5400円（特別解禁は日釣券のみ5400円）
●管轄漁協　有田川漁業協同組合（Tel0737-52-4863）
●最寄の遊漁券発売所　久保田オトリ店（Tel0737-22-0364）
●交通　阪和自動車道・有田ICより県道22号、R480で二川ダム方面へ向かい県道181号に入り上流の各ポイントへ

水量が少ないため、アマゴの警戒心が強く魚との知恵比べとなる。渇水時は堰堤や淵などの深みをねらうとよいだろう。どこの河川でもいえることだが、出水後の引き水時がねらいめになる。特に小さな谷ではこんなに!?と思うくらい釣れることがある。

入川道の看板も設置されているので初めて釣行する方にはありがたい。養殖場付近からは道路が狭くなるので運転にはくれぐれも注意。また最上流部の上二沢橋から上はダートになる。

●支流筋は途中まで開けた流れ

南古谷川は、坂無橋付近から上流に成魚が放流される。中尾谷川の出合までは開けたポイントが多く、5～5・3mのサオも振れる。川相も大石の瀬や大岩、岩盤の淵など変化に富んでおり、二沢川に比べて水量が多い。

中尾谷川は釣りやすい堰堤もあるが、上流に進むにつれて木が覆い被さるポ

南古谷川下流部。木が覆い被さるポイントも見られ、堰堤までは大石の入った瀬になる

二沢川と呼ばれる四村川上流域。全体的に浅くなっていて渇水時は釣りにくい。出水の後の引水時がねらいめ

四村川で育まれた美しいアマゴ

南古谷川支流となる中尾谷川は段々に落ち込む岩盤の淵が続く

イントもあるので、長さを調整できるサオが使いやすい。2018年の台風の影響で谷に木が倒れ、サオがだせない所もあるので気を付けたい。

中尾谷川方面は道路が舗装されているが、南古谷川上流部はダート（林道南谷線）になるので運転には注意。中下流部には入川道の看板がないが、駐車スペースの近くに降りる道がある。

二沢川、南古谷川ともに道路脇に駐車する所が多いため、交通の妨げにならないように心掛けていただきたい。

エサは成魚放流があるので解禁当初は生イクラがよい。魚がスレてきたら川虫が有効になってくる。

最後に四村川・南古谷川合流点下流部について。川合堰堤から下流は稚魚放流のみで、準天然のヒレピンのアマゴが釣れる。有田川本流との出合からアマゴ釣りが楽しめるが、大城橋から上流が例年、型もよく数釣りも期待できる。エサは川虫がよいが、近くに販売している所がないので現地採取となる。川虫はアマゴも食べ慣れたエサ。有田川水系ではクロカワ虫が当たりエサになることもあるので試してもらいたい。しかし時期によっては川虫が採りにくいこともあるので、念のためキヂやブドウ虫を持参すると心強い。特にキヂは少し濁りがある時は当たりエサになる。

また、サツキマスも遡上するので、アユの遡上時期は特にルアーでねらうと尺アマゴも含めて大もののチャンスがある。

（下田）

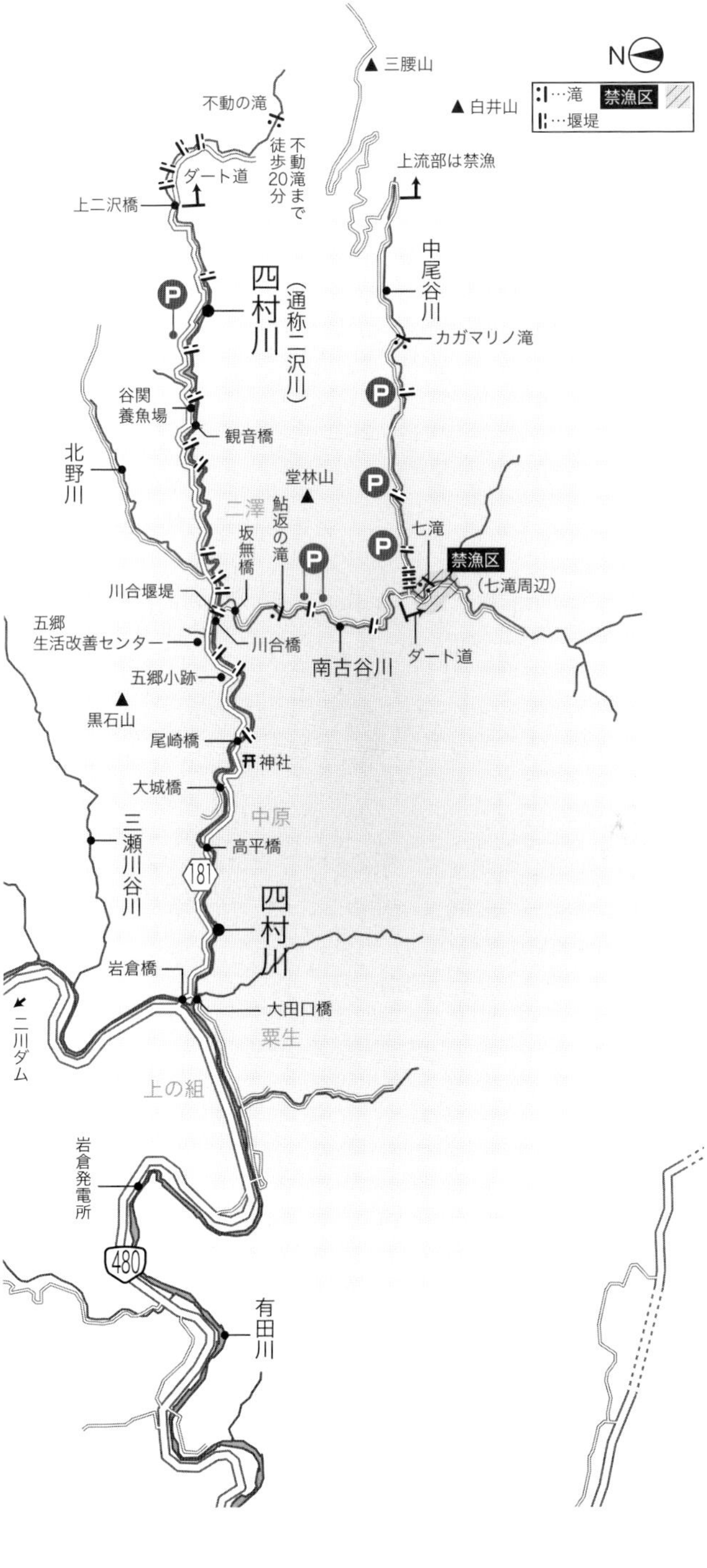

有田川水系

湯《ゆ》川《かわ》川

二川ダム上流で左岸から流れ込む有田川最大の支流
落差の少ない女性的な流れはビギナーでも入渓しやすい

和歌山県の中間に位置する有田川は高野山に源を発し、紀伊水道に流れ込む全長約94㎞の二級河川。有田川の中流域に二川ダムがあり、ダムを境に上下流に二分される。

ここで紹介する湯川川はダム上からすぐのところで有田川本流左岸に合流する、比較的大きな支流だ。護摩壇山に源を発し、上湯川、下湯川地区を流れ清水地区で本流と合流する。釣りが楽しめる流域は二の俣谷の出合までの約16㎞となる。釣りだけでなく、湯川渓谷三滝（さがり滝、銚子の滝、五段の滝）の名所もある。

下流域に架かる佛木橋より上流を望む。よい淵が続き、数より型ねらいの区間

●入渓しやすい流れ

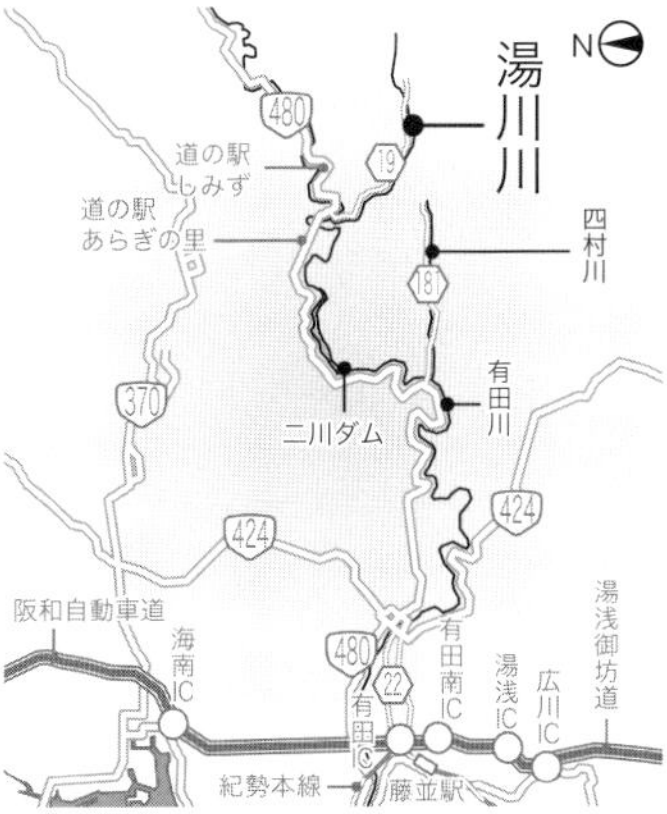

information

●河川名　有田川水系湯川川
●釣り場位置　和歌山県有田郡有田川町
●主な対象魚　アマゴ
●解禁期間　3月第2日曜日（特別解禁3月第2土曜日）～6月30日
●遊漁料　日釣券3240円・年券5400円（特別解禁は日釣券のみ5400円）
●管轄漁協　有田川漁業協同組合（Tel0737-52-4863）
●最寄の遊漁券発売所　森谷オトリ店（有田川本流・井谷地区。Tel0737-26-0005）。湯川川流域は池田商店（地図に記載）のみ
●交通　阪和自動車道・有田ICより県道22号、R480で二川ダム上流で県道19号に入り上流部へ

中股谷川との出合から約300m上流地点の流れ。岩のトンネル上流は大石や岩盤底の瀬、落差のある大淵のポイントとなる。入川は岩場を降りるため雨の日は特に滑るので注意

湯川川の中下流域は、夏になるとアユの友釣りに通うファンも多い。増水にも強く、よほどの大増水でない限り2、3日でサオがだせるのも魅力だ。

川相としては落差が小さく女性的。流れのほとんどが道路に隣接しているので、ポイントを確認しやすい。上湯川地区には入川道の看板も設置されているので、初めて釣行する人でも入渓しやすい。また駐車スペースも道路脇の所々にあるが、駐車の際には交通の妨げにならないように注意すること。

湯川川に流れ込む支流筋も、稚魚放流はされていないもののアマゴは生息しており天然ものがねらえる。

和歌山の河川のほとんどが3月1日解禁となるが、有田川は3月第2土曜日に特別解禁日（日券のみ）が設けられており、翌日から一般解禁日となる。雪の多い所ではないが、上流部はまれにアマゴ解禁後に降雪もあるので、気象状況のチェックを忘れずに。

有田川は前年度に稚魚4万尾が各支流に放流され、また特別解禁の前々日

上流域となる上湯川周辺の流れ

下津俣谷川が合わさる下津俣橋より上流の渓相。このあたりは成魚放流はないが幅広のきれいなアマゴが釣れる

支流筋や本流の各所でも天然アマゴが手にできる

さがり滝よりも上流の本流筋は堰堤が連続する。堰堤間の小さな深みや石裏をねらいたい

から各支流に成魚放流が行なわれるため魚影が多くなる。成魚放流エリアは湯川川では上湯川地区、本流から約10km地点にある福井橋上流の堰堤から上流に放流されている。特別解禁は数釣りが期待でき、初心者でも楽しめるはずだ。

　京都大学森林ステーションの先にある二ノ又谷の出合上流は、資源調査のため禁漁区となっているので注意が必要。

●解禁当初はイクラがいい

　福井橋下流域は天然ものがメインの釣り場となり、ヒレピンのきれいなアマゴが相手をしてくれる。中下流域は数より型ねらいとなる。エサ釣りも面白いが、アユの放流が始まればルアーで尺アマゴが期待できる。

　解禁当初のエサはイクラがよく、特に放流魚には威力を発揮する。その後は川虫が有効。キンパクやヒラタ、ク

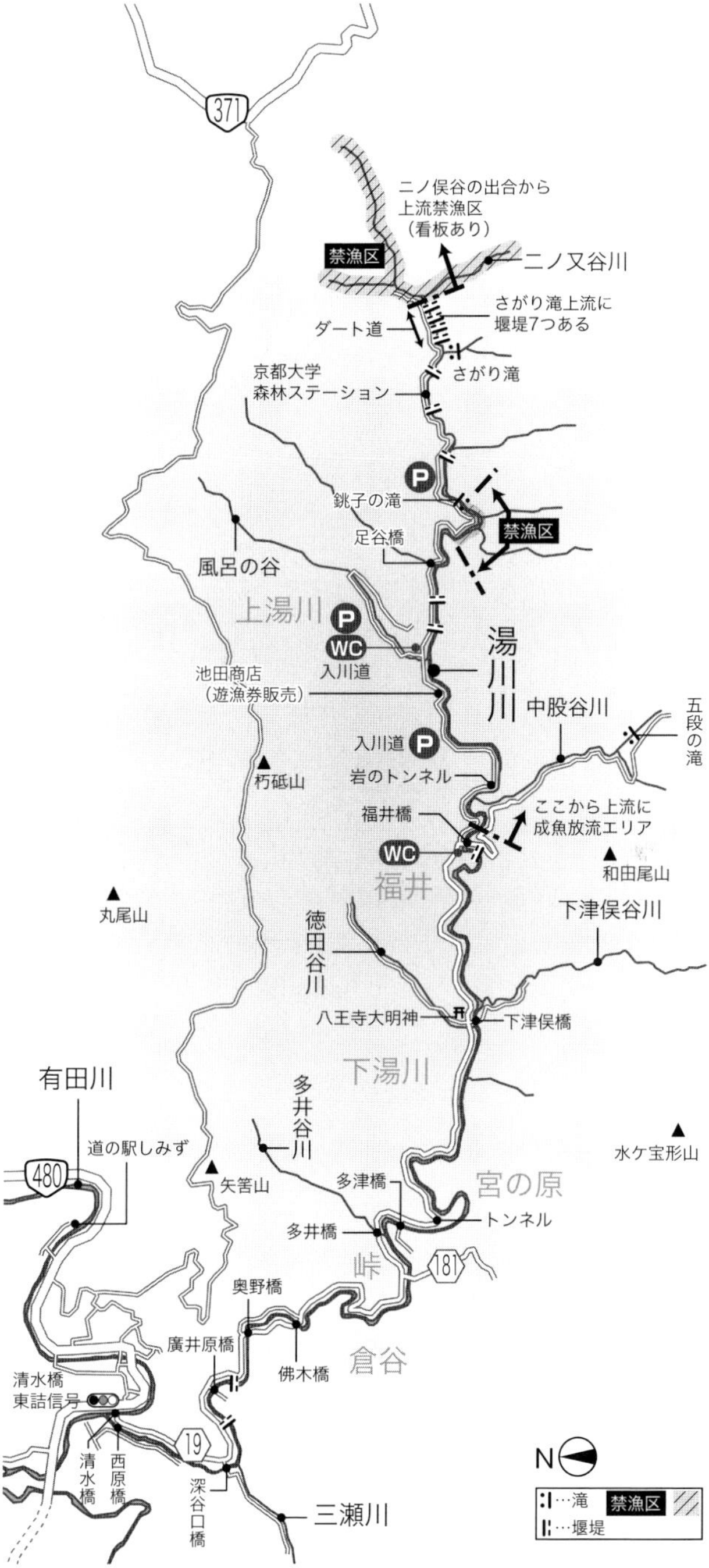

ロカワ虫などが食いがよい。遊漁券取扱店で川虫は扱っていないので現地で確保すること。特に有田川水系ではクロカワ虫が当たりエサになることがあるので試してほしい。

時期によっては川虫が採りにくいこともあるので、キヂやブドウ虫も用意しておきたい。特に新緑の頃はブドウ虫で食いが立つ。

最後に、湯川川をはじめ有田川漁協の管轄する河川では、渓流釣りは6月30日で禁漁となるので、くれぐれも注意してほしい。（下田）

日高川水系

日高川《ひだか》

源流域は和歌山県では珍しい積雪のある渓
豊富な稚魚放流の成果が釣果にも表われる

日高川は和歌山県最高峰の護摩壇山と城ヶ森山を源とする二級河川。流域には日本三大美人湯で有名な龍神温泉があり、支流の小又川、丹生ノ川、寒川、初湯川の流れが椿山ダムで合流し、御坊市で太平洋へと注ぐ。

和歌山県内の河川には珍しく、源流域には冬の間に積雪がある。解禁当初は気温、水温ともに低く、源流域の天然アマゴにはサビが見られるが、梅雨以降は見事な体型に成長する。また、本州最南端イワナの生息地でもあり、数は少ないものの40cmオーバーにも出会える。

日高川の魅力のひとつが豊富な稚魚放流量で、前年の6月に10万8000尾の稚魚が、地元の人たちの努力により山道を降りてこまめに放流されている。

数年前からは解禁日前に良型の成魚も放流するポイントがあり、高齢者やファミリーにも楽しんでもらい、アマゴ釣りのすそ野を広げる取り組みも行なわれている。また龍神温泉に宿泊するのも楽しい。釣行時の疲れた身体を温泉が癒してくれる。

日高川はアユ釣りの解禁日が有田川とともに5月1日と日本一早い。今回紹介するポイントの湯布《ゆのの》~出合橋まではアユの友釣りの人も多いので、朝夕の釣行がおすすめだ。特に渇水時は早朝の釣りにねらいを絞ったほうが釣果が得られる。

サオは6~7mが最適。ただし小川や小森地区辺りは川幅も狭く、5m前後のサオが扱いやすい。友釣りの人も

大熊地区「大崩」のポイント

information

●河川名　日高川
●釣り場位置　和歌山県日高郡日高川町
●主な対象魚　アマゴ、イワナ
●解禁期間　3月1日～9月30日
●遊漁料　日釣券2160円・年券5400円
●管轄漁協　日高川漁業協同組合(Tel0738-52-0950)
●最寄の遊漁券発売所　松阪食堂(Tel0739-79-0259)、岩手商店(Tel0739-79-0225)、松本石油店(Tel0739-77-0058)
●交通　湯浅御坊道路・川辺ICより県道26号、R424、425、371を経由して渓へ

なく、終盤までアマゴ釣りを楽しむことができる。初期は川虫（キンパク、ヒラタ、クロカワ虫など）、梅雨以降はキヂやブドウ虫がよい。水温が低い初期でも川虫を採ることはできるが、年によってはあまり採れないこともあるので、予備エサを持参したい。

●湯本地区

湯本地区の温泉橋のポイントへはR371を上流へ進み温泉街へ。温泉橋を渡ると無料の駐車場があるのもありがたい。入川は橋を渡る手前右側に川まで階段があり、安全に降りることができる。

湯本地区には、稚魚放流はもちろん成魚放流も行なっている。ポイントは大きな落ち込みがいくつかあり、アマゴの溜まる深みがあるので、じっくりとねらうのもいい。釣り上がりも楽で、渓相はメリハリがある。温泉旅館「季楽里」までの間がおすすめだ。

出合橋付近。画面右奥から流れてくるのが小川（本流）、右手前側が小森

湯本地区・温泉橋上流の流れを望む

成魚はごく一部で、メインは天然のヒレピン幅広の本流アマゴである。入川道も整備されており、道路から川までの高低差もなく帰りも楽である。

●湯布地区

湯布地区は龍神温泉より約5km上流で、湯布バス停手前に駐車スペースがあり、その後ろに入川道がある。ここは天然、準天然がメインで、4月以降が本番。橋上流に浅く長い瀬があり、軽い仕掛けで数釣りが楽しめる。

上流の上湯布地区は民家周辺を走る道路からは川が見えないが、よいポイントが多く魚影も多い。ここで川から上がるか、もう少し上流まで釣り上がり杉林から退渓することもできる。友釣りの好ポイントも多く、5月1日の解禁以降は、朝夕の釣りがおすすめ。

●大熊～殿垣内地区

龍神温泉から7km上流の大熊郵便局手前で右折し県道19号（美里龍神線）に入り、亀谷橋を渡ると殿垣内《とのがいと》地区に入る（現地ではこのあたりも大熊と呼ぶ）。川との高低差が少なく、瀬と淵の連続で、ポイントも分かりやすい。徒渉も簡単で覆いかぶさる木も少ないため、初心者でも入渓しやすい。

県道19号は道幅が狭く駐車に苦労するが、所々に退避スペースがある。入渓点もその近くにあることが多い。県道に入り、約3km上流に通称「大崩《おおくえ》」がある。以前がけ崩れが起き、川岸に大きな岩が崩れ落ちているためそう呼ばれている。

入渓はその手前200mからで、駐車スペースもそこにある。大崩は段々瀬から淵へと流れ込む。砂地底の淵はアマゴが溜まりやすく、じっくり流すと数が稼げる。

●小森・小川

県道19号を上流に5kmの出合橋は、

小森（小森谷）と小川（本流）の合流点の橋で、駐車スペースは橋手前の右側にある（大熊郵便局近くのR371の「出合橋」とは別。注意）。ここは300m下流から入渓するとよい。それ以上下ると川通しできない個所があるので注意が必要。橋から稚魚放流がされるので、周辺は特に魚影が多い。それより上流は、小森、小川どちらでもよい釣果が期待できる。早期にもよく釣れるが、梅雨以降は丸々と太った谷のアマゴが出迎えてくれる。

　エサはキヂやブドウ虫がいい。ただ木々が生い茂り仕掛けトラブルも多発し、マムシやアブにも注意が必要。

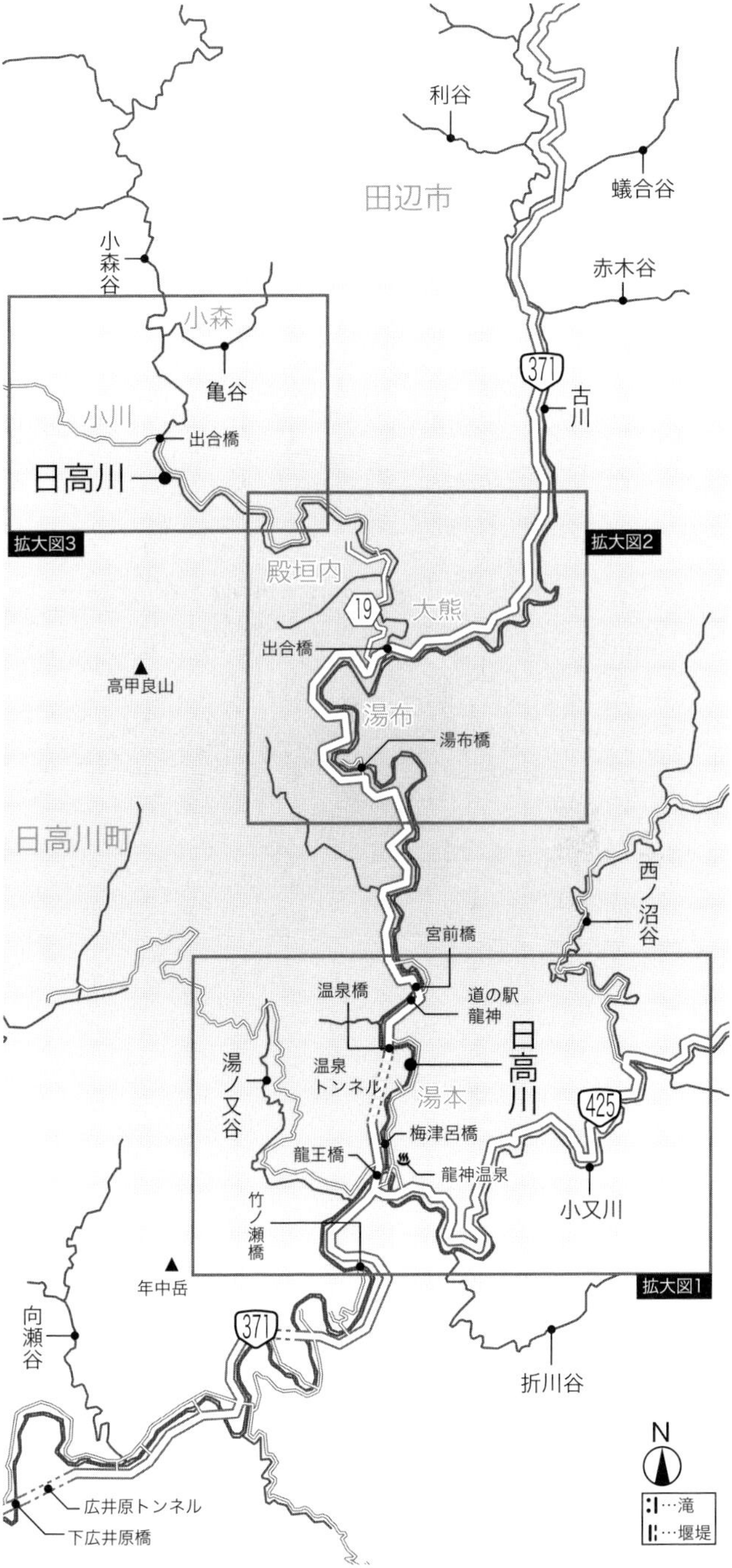

小又川・五味垣内橋下流の流れを望む

大熊地区で釣れた日高川のアマゴ

小川の渓相。落差のある流れ

●支流・小又川

支流の小又川へはR371を龍神温泉街の龍神郵便局手前でR425へ右折。すぐにトンネルがあり抜けると和楽橋がある。橋を渡りてすぐ右側に道路が広くなっているところがあり、そこに駐車しガードレールの切れ目から入渓することができる。

橋の上下流によい瀬があり、初期から釣果が望めるが、ねらいは本流が大増水した時だ。和楽橋は本流との出合より300mほどの地点で、本流より水が澄むのが早いので、濁りを嫌がる大型の個体が差してくるとともに、橋下で魚が止まることが多い。タイミングが合えばねらう価値がある。

2km上流には五味垣内橋があり、その付近まで釣り上がると距離的にも適当だ。今回紹介したポイントはほんの一部だが、ぜひ釣行の参考にして訪れていただきたい。

（井上）

拡大図1
李楽里
宮前橋
道の駅 龍神
371
温泉橋
日高川
田辺市
湯ノ又川
温泉トンネル
湯本
龍神温泉
425
小又川
梅津呂橋
五味恒内橋
龍神郵便局
和楽橋
371
竹ノ瀬橋
N
…滝
禁漁区
…堰堤

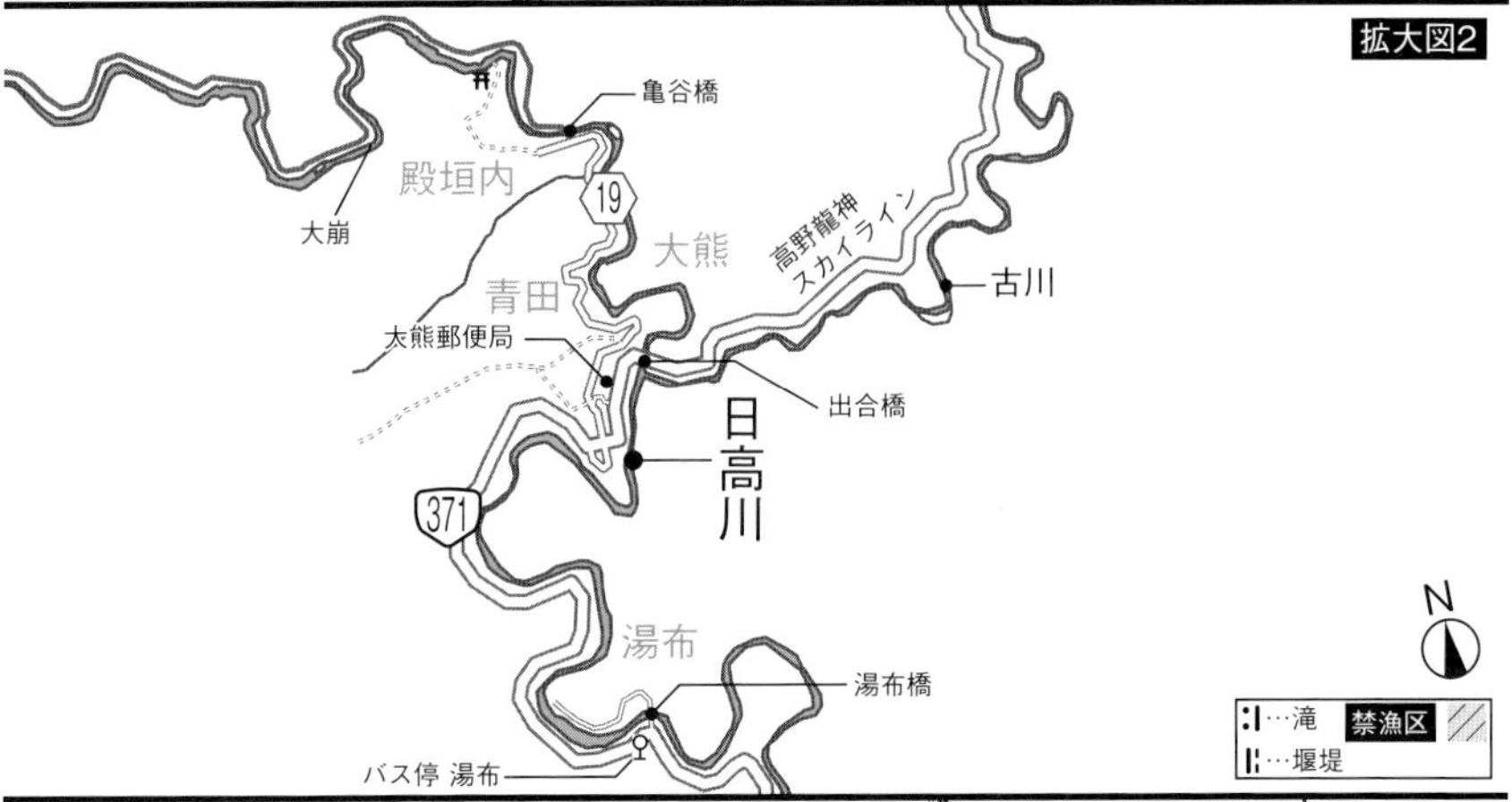
拡大図2
亀谷橋
殿垣内
19
大崩
大熊
高野龍神スカイライン
青田
古川
大熊郵便局
出合橋
日高川
371
湯布
湯布橋
バス停 湯布
N
…滝
禁漁区
…堰堤

拡大図3
亀谷
小森
小川
出合橋
日高川
N
…滝
禁漁区
…堰堤

富田川水系

富田川《とんだがわ》

和歌山県で唯一ダムのない本流
入渓しやすい流れで釣り人も少なく穴場的な渓

和歌山県紀南地方を流れる富田川は、日高川、日置川との間に位置し、ユネスコ世界遺産に登録された風光明媚な「紀伊山地の霊場と参詣道」の熊野古道中辺路ルートに並走する自然豊かな流れ。果無《はてなし》山脈の安堵山に源を発し田辺市中辺路町の兵生から栗栖川、鮎川を経て上富田町、白浜町に流れ、紀伊水道へ注ぐ流程46km、県下唯一ダムのない希少な二級河川。

富田川漁協では魚道などの整備、環境維持のため組合員による河川清掃活動、ポイントの立て看板の設置など、快適な釣り場を提供できるよう取り組んでいる。また水資源を守るため水源林の確保にも努めていることで、多くのアユ、サツキマス、ウナギ、モクズガニなどが海から遡上してくる。

毎冬にはアマゴ発眼卵約1万粒のほか、春はアマゴの稚魚約2万尾、サツキマス稚魚約10kgが放流される。シーズン初期はエサ釣り、暖かくなってくるとフライ、テンカラ、ルアーなどで楽しむ釣り人も多い。

アマゴの主な釣り場は支流の石船《いしぶり》川、鍛治川、中川と本流の兵生まで。未放流の地域でも天然魚が繁殖し、思わぬ流れでアタリが楽しめる。大きな川ではないが、中流域では40cmオーバーのサツキマスも記録されている。

●兵生《ひょうぜ》地区

富田川の最上流部。上流は民家もなく携帯電話もつながらない。とちご橋周辺は岩盤や大岩、瀬が多く大小のポイントが連続する。渓沿いに道路が走っており入川もしやすい。

先行者がいてもポイント、アマゴともに多く、サオ抜けを釣れば数は望める。増水時は絶好のチャンスだが、水

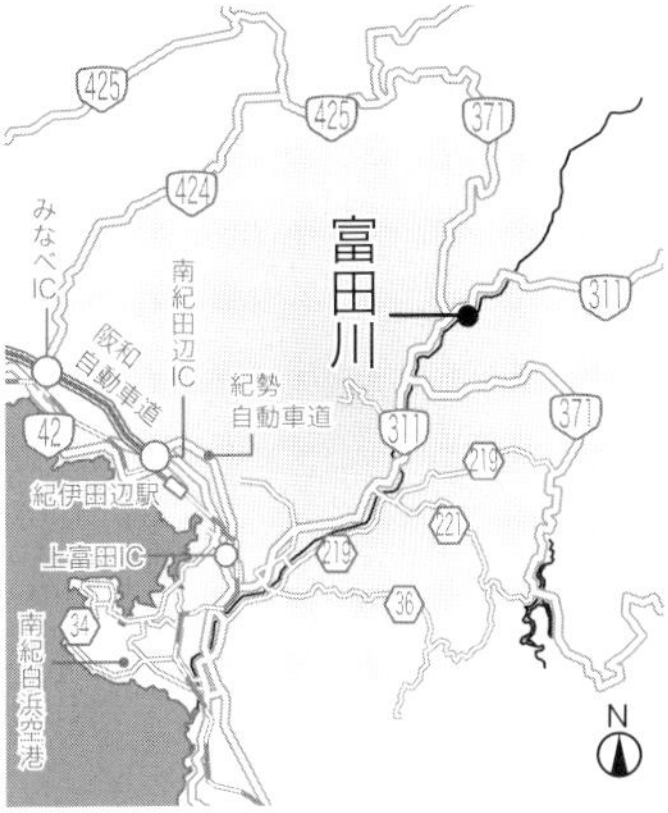

information

●河川名　富田川
●釣り場位置　和歌山県田辺市
●主な対象魚　アマゴ
●解禁期間　3月1日～9月30日
●遊漁料　年券のみ3240円
●管轄漁協　富田川漁業協同組合（Tel0739-47-0710）
●最寄の遊漁券発売所　古道の杜あんちゃん（滝尻 Tel0739-64-0929）
●交通　紀勢自動車道・上富田ICよりR42、311を経由して上流部へ

上福定橋下流の渓相。魚影も多く数、型ともに楽しめる

量が多くなると釣り上がるのが困難となる場所が数ヵ所あるので注意。宮代橋周辺は淵や瀬が点在して流れは澄み、泳ぐアマゴを目視できる。魚影が多いので、あまりサオをださないような流れでも釣果が望めるのも魅力だ。

●福定～上福定地区

国道を本宮方面に走り、福定に入り左折すると福定橋がある。橋の上下流がポイント。魚影も多く数、型ともに楽しめる。岩盤や大岩、大淵、瀬が多くあり、ときどき尺上も釣れ、シーズンを通して比較的釣り人が多い。

上福定は入渓点が少なく、先行者がいなければ長い距離を独占できる。じっくり大場所を釣ることもできるが、おすすめは朝夕マヅメ。タイミングがよければ短時間で良型のアマゴが数釣れることも珍しくない。

●二川橋周辺

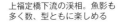

支流・石船川の流れ。釣り人も少なく穴場的ポイント

上流域となる兵生地区に架かるとちご橋下流の渓相

国道側にある中華料理「菜菜」が目印で約100m上流に二川橋がある。橋の上下流に瀬や淵のポイントが広がる。下流は中川との出合で淵になっている。その下流の荒瀬もポイントだ。橋の上流には堰堤があるが禁漁区なので注意。駐車スペースは橋の上流側、入渓点は橋の上下流にある。5月頃からは大ものがねらえ、尺上から40cmクラスの実績もある。国道からポイントのほとんどが見渡せ、釣り人がいるか確認できるので入渓もしやすい。

●支流・石船川

滝尻橋近くにある「古道の杜《もり》あんちゃん（民宿、遊漁券販売）」の前を流れる支流の石船川は小渓で大場所は少ないものの、中小ポイントが数多く、数釣りが期待できる。

下流のポイントは比較的開けて釣りやすいが、上流に進むにつれて木や草が生い茂り、人も少なく穴場的ポイントだ。チョウチン釣りで数が出る。普段から水量が少ないので、雨後の増水時には大釣りすることもある。流れも道路との高低差があまりない場所が多く、入渓もしやすい。ほかにも、かじや川、中川などの支流でアマゴをねらえる。ダムのない自然の流れながら、釣り人の少ない穴場的存在の富田川へぜひ釣行されたい。

（木田）

ダムのない川で美しいアマゴたちに出会える

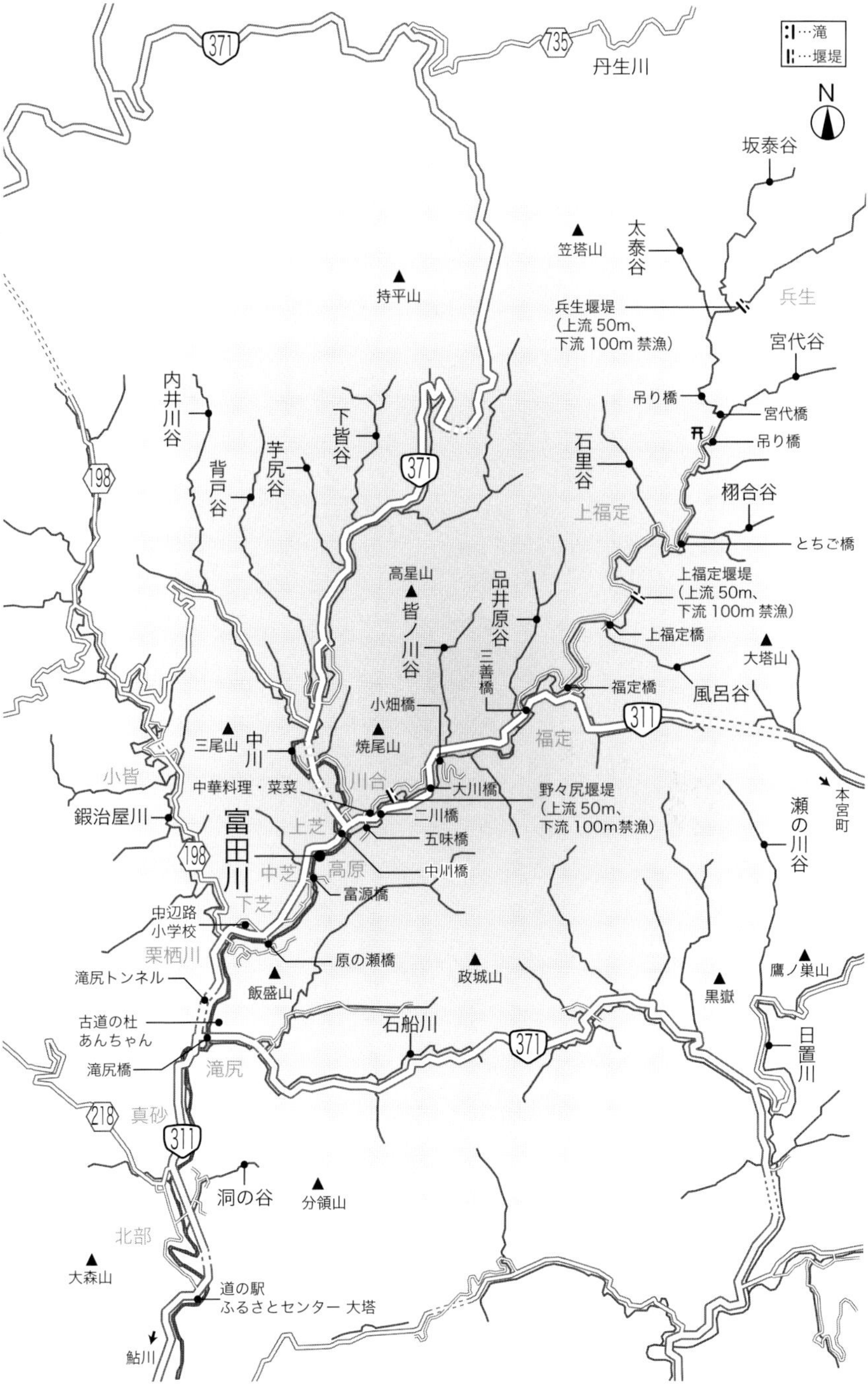

371
735
丹生川
…滝
…堰堤
N
坂泰谷
太泰谷
笠塔山
持平山
兵生堰堤
（上流 50m、
下流 100m 禁漁）
兵生
宮代谷
吊り橋
宮代橋
吊り橋
内井川谷
下皆谷
371
石里谷
198
芋尻谷
背戸谷
栩合谷
上福定
とちご橋
高星山
皆ノ川谷
品井原谷
上福定堰堤
（上流 50m、
下流 100m 禁漁）
上福定橋
大塔山
三善橋
福定橋
風呂谷
小畑橋
311
三尾山
中川
焼尾山
福定
小皆
川合
中華料理・菜菜
大川橋
野々尻堰堤
（上流 50m、
下流 100m禁漁）
本宮町
鍛治屋川
二川橋
上芝
五味橋
瀬の川谷
富田川
198
高原
中川橋
中芝
富源橋
下芝
中辺路
小学校
栗栖川
原の瀬橋
鷹ノ巣山
滝尻トンネル
飯盛山
政城山
黒嶽
古道の杜
あんちゃん
石船川
371
日置川
滝尻橋
滝尻
218
真砂
311
洞の谷
分領山
北部
大森山
道の駅
ふるさとセンター 大塔
鮎川

熊野川水系

四《よ》村《むら》川 大《おお》塔《とう》川

ダムのない自然豊かな2つの支流
四村川本流は入渓しやすい流れ、大塔川は健脚コース

熊野川は、その源を奈良県吉野郡天川村の山上ヶ岳に発し、大小の支流を合わせながら十津川渓谷を南下し、大台ケ原を水源とする北山川と合流したのち熊野灘に注ぐ一級河川。

流域は本州有数の多雨地帯で、平均年降水量も国の平均値の約1・6倍となっている。雨量は多いものの、比較的温暖で近年積雪もほとんどなく、豊かな水と自然に恵まれている。

流域の歴史は古く、大峰山や熊野三山などに見られる宗教文化の中心地として広く知られ、「紀伊山地の霊場と参詣道」が世界遺産に登録されている。

熊野川上流の奈良県十津川村管内にはダムがあり流れが分断されるが、その支流となる四村川、大塔川にはダムがなく、アユやウナギが数多く遡上し、周期的にサツキマス（地元ではノボリと呼ぶ）の遡上も見られる。

ここでは、そんな途切れることなく自然の流れが楽しめる2つの支流を中

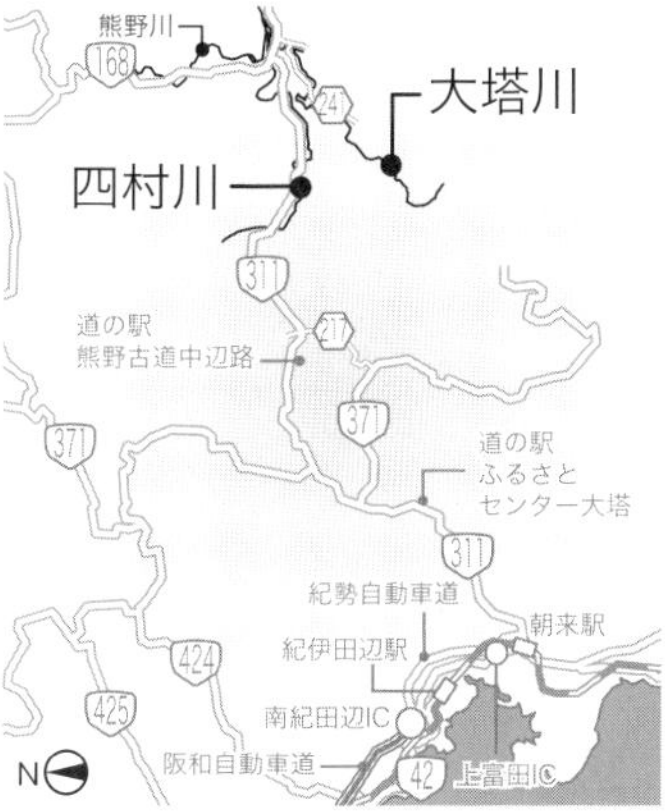

information

●河川名　熊野川水系四村川、大塔川
●釣り場位置　和歌山県田辺市
●主な対象魚　アマゴ
●解禁期間　3月1日～9月30日
●遊漁料　日釣券2000円・年券5000円
●管轄漁協　熊野川漁業協同組合（Tel0735-21-4193）
●最寄の遊漁券発売所　仲商店（四村川・Tel0735-42-1239）、たこ正（四村川・Tel080-1413-0800）、大塔恵樹園（大塔川・Tel0735-42-1074）
●交通　阪和自動車道・南紀田辺ICよりR42、311を本宮方面へ進み各渓へ

四村川、親子橋付近の流れ

心に紹介したい。いずれの渓もアマゴの解禁は3月1日で、解禁日から多くの釣り人が訪れている。

●四村川・本流

Ｒ311に沿うように流れる四村川は、比較的入渓が楽な渓で、初級者から中級者まで楽しめる。

　下流域は年によって違いがあるものの魚影がやや少ないように思う。そのため私の場合、入渓場所は武住地区前後から上流となる。武住トンネルの上流側か、下流の旧道沿いに広がる野竹地区だ。

　その上流は大瀬トンネルに入らず、左側の旧道を上流に走り、大瀬集落下の大カーブの広場、湯川谷出合、平井郷旧道入口付近（Ｈ31現在、2018年の台風により旧道を入って約300ｍ付近で道路が崩れており通行止め）となる。

　さらに上流では、平井郷トンネル上

四村川支流の湯川谷出合の渓相を望む

四村川、平井郷の渓相

色鮮やかな朱点をまとったアマゴ

四村川支流湯川谷入口付近の流れを望む

流側付近から旧道に入り、皆根川出合から入渓することもできる。道路と流れが近いので、ほかにも入渓点は数多く、高巻することなく、楽に釣り上がれる。

●四村川支流・湯川谷

大瀬トンネル上流側の左岸に流れ込んでいる支流で、谷に沿って右岸側に林道が通る。約1㎞先で崩土のため通行止になっているが、徒歩での進入は可能。

上流に行くほど林道から谷までの高低差が大きくなるので、下りやすい場所を探して入渓する。水量、川幅とも本流の四村川と遜《そん》色ない。

●四村川支流・皆根川

皆根川の入口は、橋に通行止めの鎖が張ってあり車では入れない。歩いて橋を渡り上流にある堰堤上から入渓するとよい。

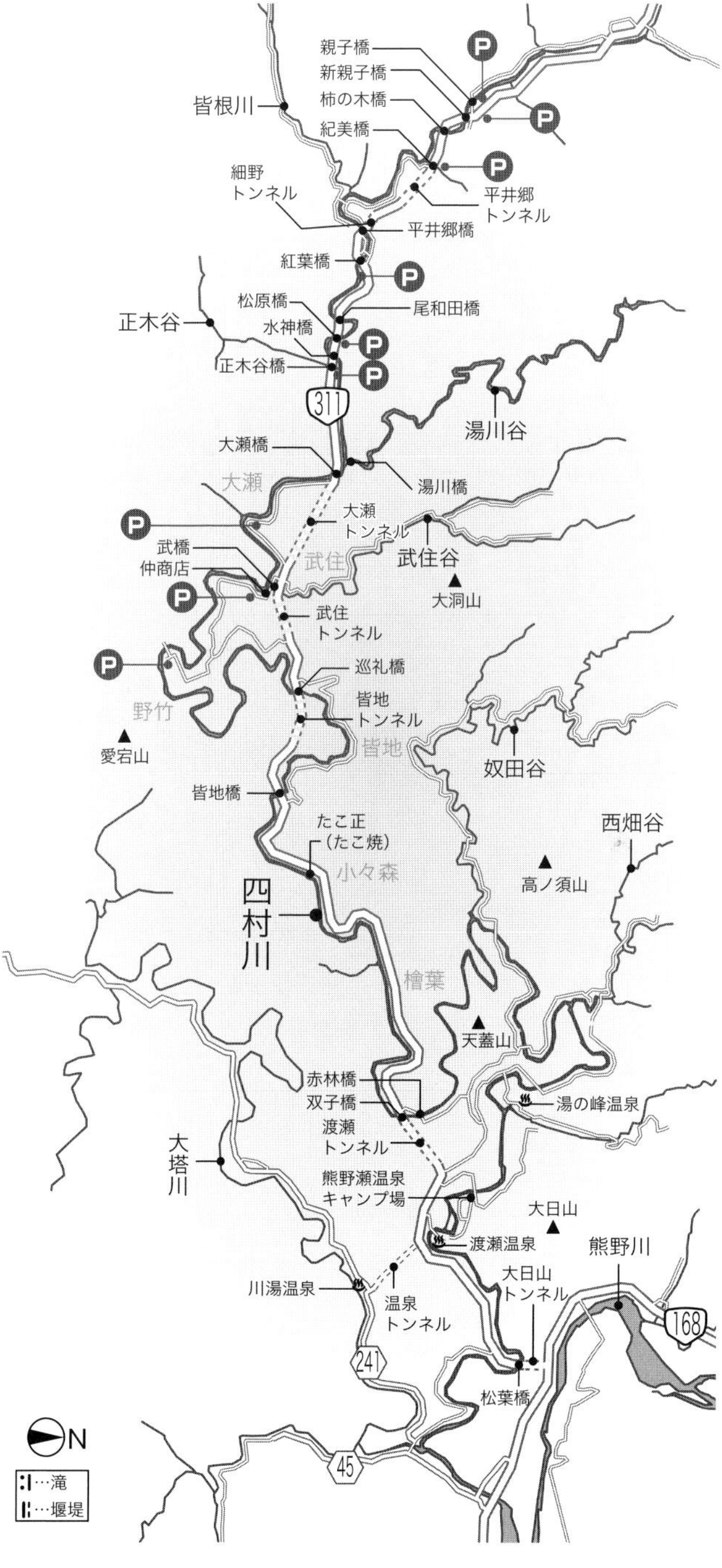

流れは狭く、木々が頭上を覆う場所も所々にあるものの、魚影は多く釣果は期待できる。右岸側に林道が沿っているので利用できる。

毎年5月に稚魚放流が行なわれ、翌年の解禁日には数多くの準天然アマゴたちがサオ先を賑わせてくれる。

使用するエサは、私の場合ヒラタかキンパクを使っている。イクラは初期はおすすめだが、中期以降は川虫に軍配が上がるようだ。

２０１９年は、下流で旧道の復旧工事をしているので、皆根川出合より上流のほうが釣果は堅いだろう。

大塔川支流・笹ノ瀬川の流れ。天然アマゴが生息する渓だ

平井郷で四村川と合わさる皆根川の
出合付近の流れ

笹ノ瀬川へと流れ込む長谷
出合付近の渓相

●大塔川支流・笹ノ瀬川

天然アマゴが生息する笹ノ瀬川は、川湯温泉から大塔川沿いに約15km上流で大塔川へと注ぐ支流である。静川地区を通過し、2～3km走ると未舗装道路となるので通行には注意。

入渓は、笹ノ瀬橋詰に川に沿った山道がある（近年の台風により山道が荒れているため通行は慎重に）。入渓点から20分ほど歩くと、上流に向かって左側から流れ込む長谷との出合に到着する。それを過ぎてさらに上流に進むと、鉄でできた砂防堰堤があるので、ここから釣りを開始するとよい。これより下流は流れに砂利が溜まり、高低差もないので釣果も今ひとつ。外道のアブラハヤも多い。

鉄の堰堤から少し釣り上がると雨泊滝となり、高巻が必要。右岸側に山道があるので、そこまで登って高巻いてほしい。

さらに上流へ進むと金石谷の出合に

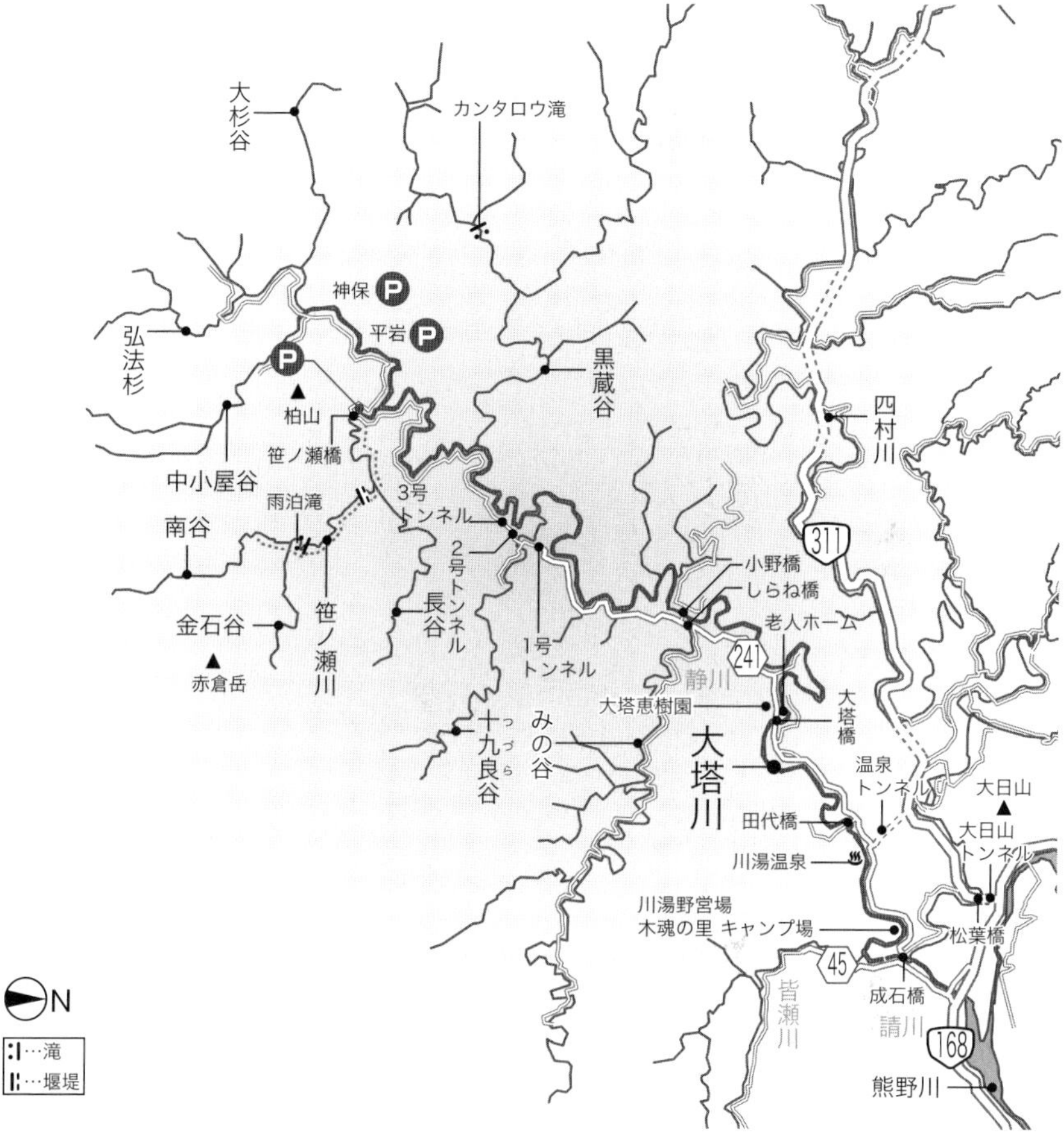

突き当たるので、右側の南谷を釣り上がってもらいたい。雨泊滝から上流は純天然のアマゴが生息している。

笹ノ瀬川は高巻きが必要な場所もあるため、中級者以上の方におすすめしたい流れだ。エサは私の場合、キヂ、キンパク、ヒラタを使用している。

大塔川本流は、笹ノ瀬川までに平岩、神保などの入渓道があるので、併せてサオをだすのも手だ。また上流で本流と合わさる弘法杉もよく釣れる。

最後に、四村川、大塔川の流域には湯の峰温泉、渡瀬温泉、川湯温泉があるので、釣行のついでに利用されるのもよい。

（森和義）

稚魚の放流も多く、準天然とのうれしい出会いが待っている

日置川・鴨折橋より上流を望む。奥に見える堰堤は尺アマゴも期待できる

日置川水系

日《ひ》置《き》川

週末でも比較的釣り人が少なくゆったり釣行できる広大な本流域と豊富な支流群は変化に富んだ流れ

日置川は果無山脈の千丈山に源を発し中辺路町、旧大塔村、白浜町へと著しく屈曲を繰り返しつつ南流し白浜町日置で太平洋に注ぐ。前の川、安川、将軍川、熊野川、城川と支流は多岐にわたっており、上流域の本支流でアマゴ釣りが、ダム下流域ではサツキマス釣りが楽しめる。

　流域で成魚放流の実績はなく、稚魚放流だけを行なってきた。数年前からはアマゴの発眼卵も試験的に放流している。毎年ほとんどの卵が孵化し、稚魚として成育しているのを確認しながら放流量を年々増している。

【日置川・本流】

　日置川水系は、週末でも比較的釣り人が少なくゆったりと釣行できるのが魅力。ここでは本流の合川ダム上の中下流域と、支流の前の川を紹介したい。

　本流は石も大きく流速もあり、淵も大きい。ポイント全体に河原が広々しているので、8m級の本流ザオも余裕で振ることができる。しかし、増水時は特に川虫が採取しづらいので、キギやブドウ虫などを持参したい。

●大塔青少年旅行村周辺

R311を上富田町方面から走り、鮎川に架かる鮎川新橋を右折し上野方面へ。途中の分かれ道を左折し大塔青少年旅行村方面へ。上野大橋手前を右折し、旅行村のコテージ施設方面へ進み、入口100m手前に大きな広場があるのでそこに駐車、入渓点もある。

瀬肩を左岸へ渡り、下流の吊り橋下から上野大橋まで釣り上がれる。吊り橋上下の段々瀬は好ポイントで、数型ともに期待できる。上野大橋真下の瀬肩は隠れた好ポイントで、淵から捕食に差してくる良型の本流アマゴが期待できる。

●鴨折橋周辺

近露地区の鴨折橋周辺には人家がなく、大自然に囲まれた本流の幅広アマゴに出会えるポイント。R311を上富田町方面から上り、トンネルを抜け近露地区に入ると左手に「古道歩きの里　ちかつゆ」がある。そのすぐ先にある近露大橋を渡り、300mほど進み左折し旧国道へ出て近野小学校、近野中学校跡方面へ。

学校跡を過ぎてすぐ左折すると林道があるが、途中から未舗装となる。道なりに数km進むと鴨折橋に出る。駐車スペースは橋の手前と渡ったところにあり、橋の手前左側に真下に降りる入渓点がある。

鴨折橋までの林道は川までの高低差があり、下流から入渓する釣り人が少ないので、途中車が停まっていなければ、釣り下りもできる。帰りは川を戻ってくることをおすすめする。

橋より上流は大きな堰堤が見える。堰堤下のプールは尺アマゴも期待できる超1級ポイント。堰堤の上流へは、いったん橋の手前の駐車スペースに戻

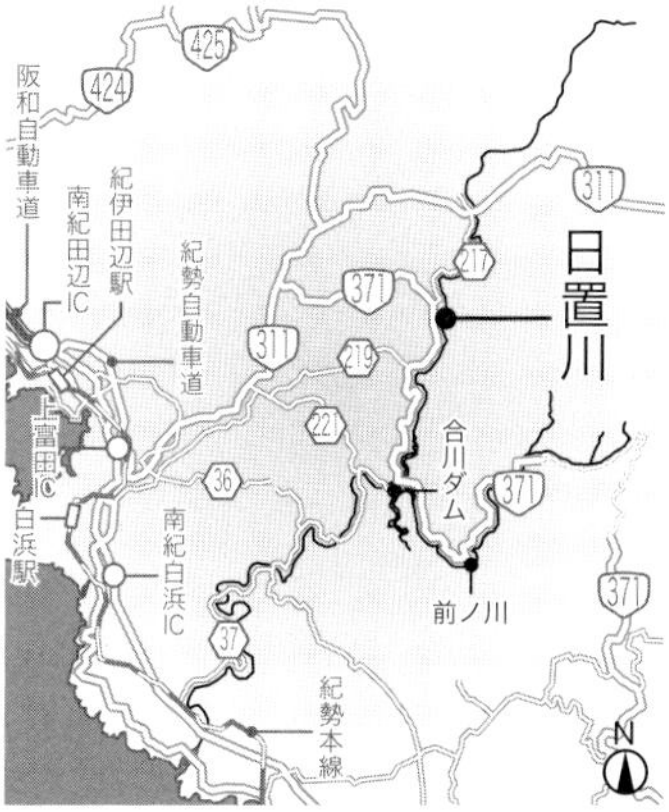

information
●河川名　日高川
●釣り場位置　和歌山県田辺市
●主な対象魚　アマゴ
●解禁期間　3月1日～9月30日
●遊漁料　日釣券2160円・年券5400円
●管轄漁協　日置川漁業協同組合（Tel0739-53-0023）
●最寄の遊漁券発売所　農協近野支所（Tel0739-65-0006）、古道の杜あんちゃん（Tel0739-64-0929）、アイリスパーク（Tel0739-65-0331）
●交通　紀勢自動車道・上富田ICよりR311、県道221号を経て合川ダムへ。上流部へはR371、県道217号を利用

大塔青少年旅行村付近で釣れた本流アマゴ

日置川・鴨折橋下流の渓相。大自然に囲まれた美しい流れだ

り、その後ろに続く山道を左岸沿いに歩けば堰堤の上へ降りられ、釣り上がることも可能だが、その場合帰りは川通しで戻るしかない。携帯電話も通じず、ポイント全体に水深があるので、増水時の釣行には注意したい。

【支流・前ノ川】

支流の前ノ川は源流域が温暖な気候に恵まれ積雪もない。そのため解禁当初から水温が高く、コンディションのよいアマゴに出会える。この渓の魅力は流域に人家も少なく、お手軽に自然を満喫できること。また増水しても引水が早く濁りも出にくく、水質がすこぶるよい。

最下流の合川ダムへの合流地点から川沿いにR371が並走。木守地区上流の右岸から入る沢の出合までは、川との高低差が少なく初心者でも比較的入渓しやすい。しかし、前の川全体を見ると道路が狭く、窓越しによいポイントを見つけても駐車スペースに苦労する。木材運搬のトラックも走るので充分注意したい。サオは6m前後がベストだ。

ここでは駐車スペースもある比較的入渓しやすいポイントを紹介したい。

●五味地区集落・箱淵橋から上流・前田前の瀬まで

変化に富んだ渓相は初心者からベテランまで楽しめる流れだ。箱淵橋を渡るとすぐ右に林道があり、そこに駐車できる。入渓点は橋のたもとにあり、真下の箱淵に降りられる。

箱淵は大ものポイントなので、上流に行くのを焦らずじっくり探りたい。釣り上がると大きな石が点在し、木が覆い被さるポイントが続き釣りにくいが、ていねいに探ると数が稼げる。

上流へ進むと宮の平の瀬が開けてくる。4月以降、気温が高くなるにつれて活性の上がったアマゴが瀬で心地よくサオを曲げてくれる。小学校跡のすぐ下には前田前の瀬があり、複雑な流れはサオ抜けができやすく、ベテラン好みの瀬だ。

●五味農園周辺

五味集落の最上流部で、最後の家屋の前にある「五味農園」という看板が目印。左に入る道があるので、突き当たりの吊り橋手前に駐車できる。入渓は吊り橋たもとにあるが、道路を下流に歩き、堰堤跡の下から入り釣り上がっていくのがおすすめだ。堰堤跡も好ポイントだが、その上流に玉石が敷き詰められ分流になっている長い瀬がある。初期から活性の高いアマゴが期待

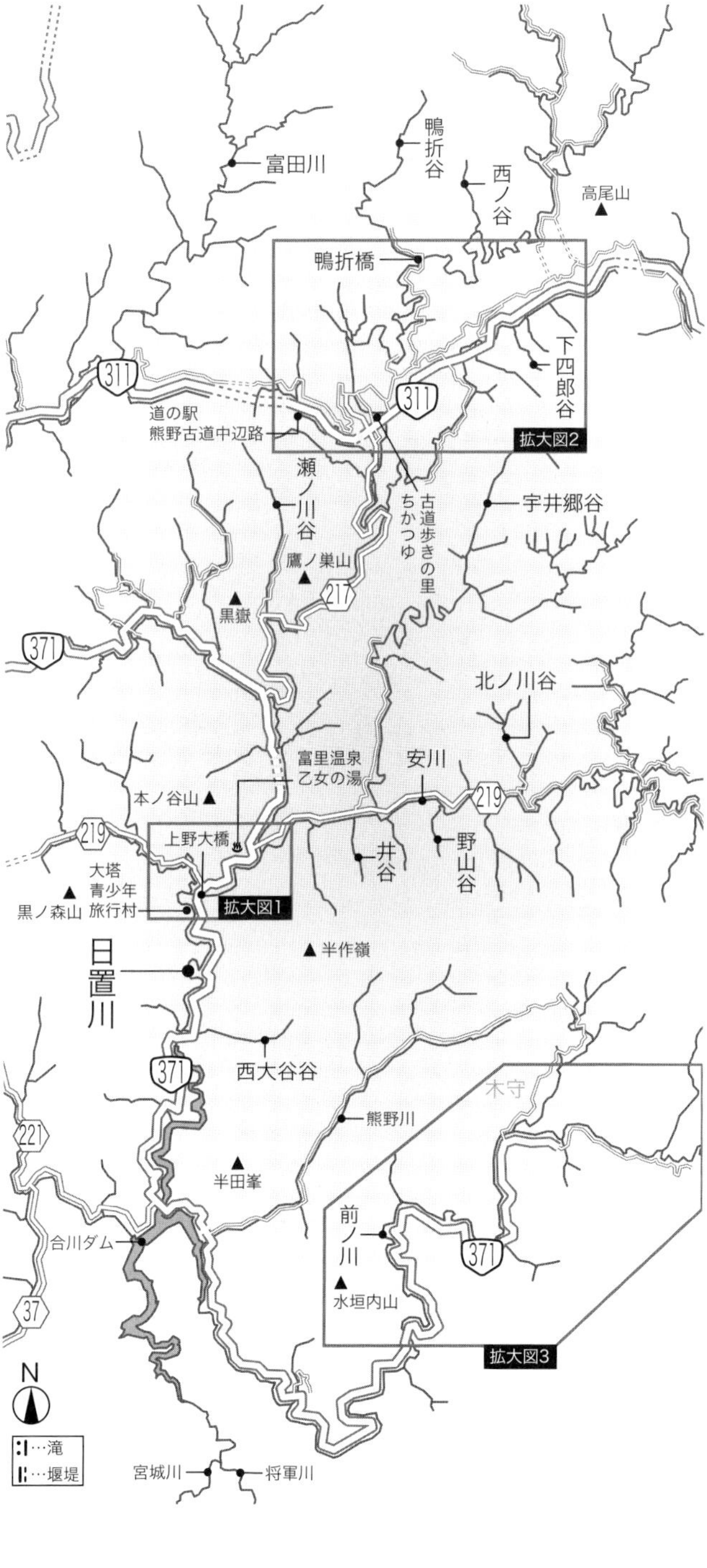

前ノ川・吊り橋上流の岩盤「姫岩」の流れ。大型が出る

前ノ川・箱淵上流にある宮の平の瀬。4月以降にねらいめとなる

前ノ川・五味農園下流の堰堤跡。ここから入川して「姫岩」へ

でき、尺近い釣果も記録されているので油断禁物。吊り橋上流の岩盤には「姫岩」があり、大ものが期待できる。

五味集落を過ぎてしばらく走ると最終堰堤が見えてくる。そこを過ぎると道路が狭くなり、上り坂が徐々にきつくなる。狭い道路を過ぎると左側に車が2台ほど停められるスペースがあるので、そこから入渓できる。

入渓点から上流に長く続くヤナガセがある。ここは私が好きな瀬でもあり、ロケーションも素晴らしい。釣り上がると、退渓は険しい山道を登るか、長い距離を戻るしかなく、サオ抜けになりやすい。瀬、淵、トロが連続して続くので、ていねいに釣ると時間がかかるが、数を伸ばすことができる。

日置川水系は、比較的釣り人が少なくのんびり釣りを楽しむことができる。紹介できなかったポイントもたくさんあるが、釣行の際の参考に少しでもなれば幸いだ。

（井上）

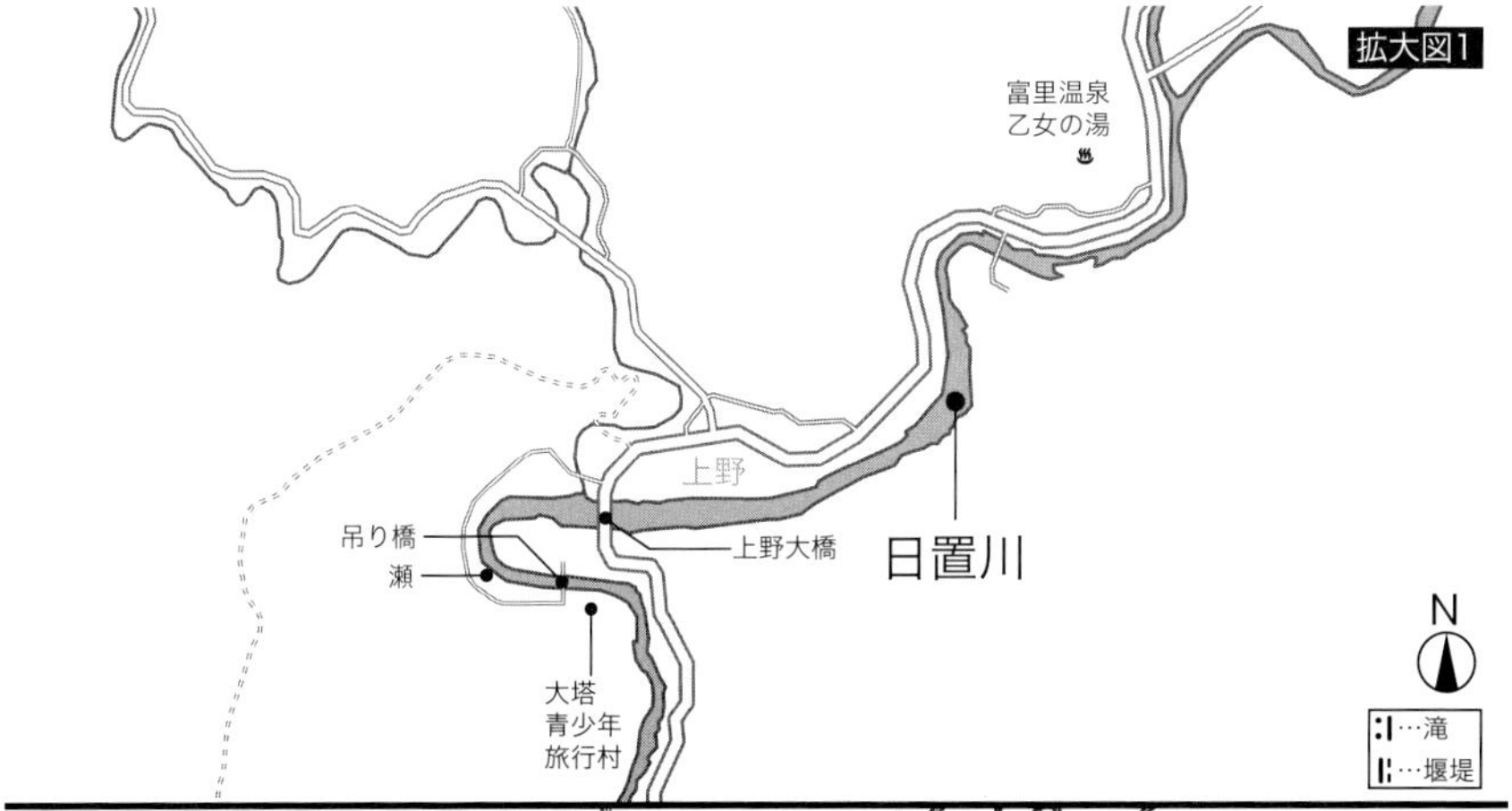
拡大図1
富里温泉
乙女の湯
上野
日置川
吊り橋
瀬
上野大橋
大塔
青少年
旅行村
N
…滝
…堰堤

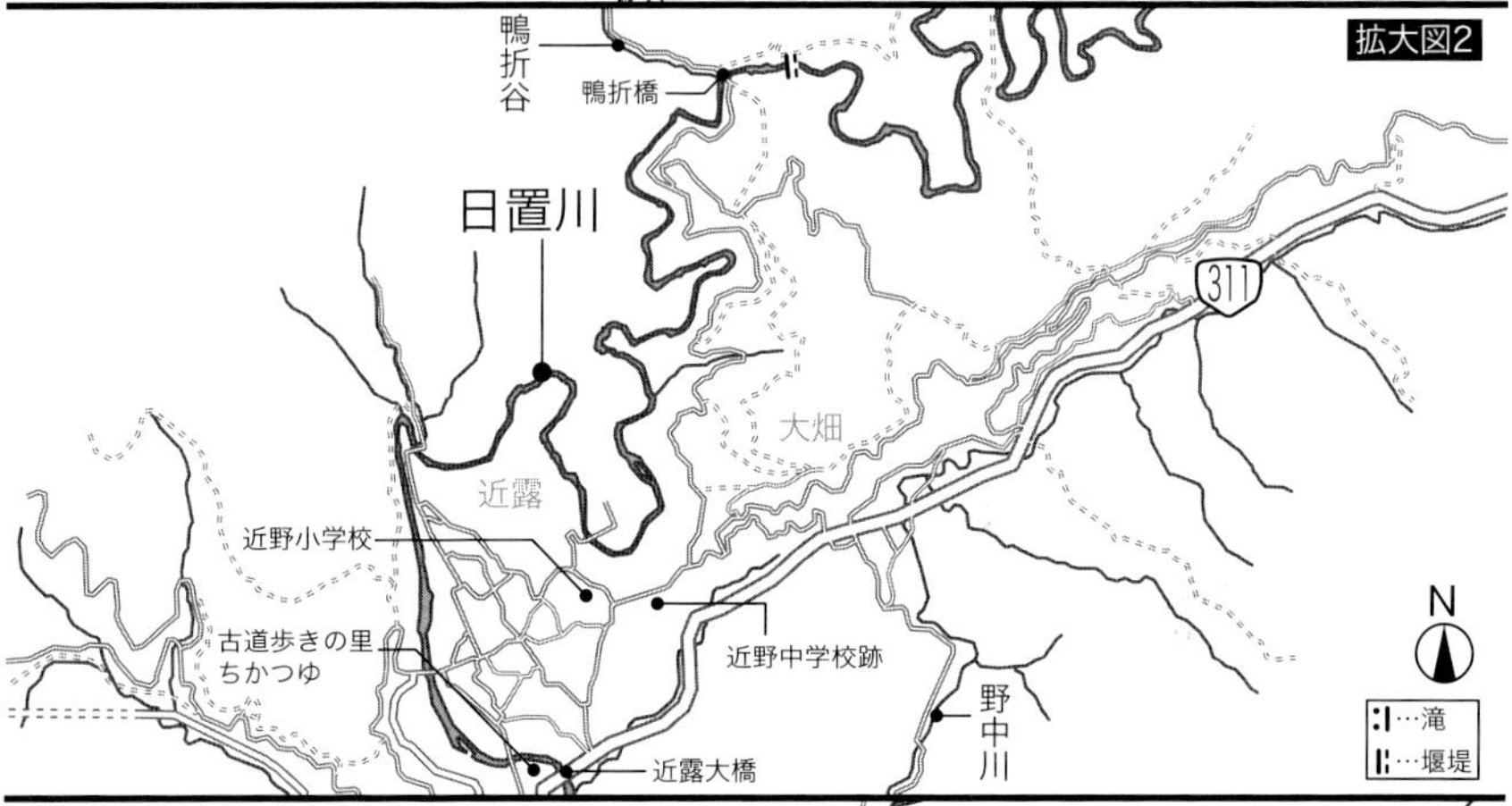
拡大図2
鴨
折
谷
鴨折橋
日置川
311
大畑
近露
近野小学校
古道歩きの里
ちかつゆ
近野中学校跡
野
中
川
近露大橋
N
…滝
…堰堤

拡大図3
田ノ瀬
ヤナガセ
371
前
ノ
川
姫岩
五味農園
チャラ瀬
堰堤跡
▲水垣内山
五味
前田前の瀬
高野
箱淵橋
五味水量計
宮の平の瀬
N
…滝
…堰堤

松根集落すぐ上から堰堤までの流れ。大きな石が重なりその間を水が流れる堂々たる渓相

古座川水系

古《こ》座《ざ》川

釣り人の姿もまばらで、のんびりと楽しめる渓
広大な本流域と、支流の平井川など変化に富んだ流れ

　古座川は紀伊半島最南部に位置し、標高1122mの大塔山を源とする。いにしえの自然が残る熊野の山々を縫うように流れ、平井川、佐本川、三尾川、小川を合わせ黒潮の流れる熊野灘へと注ぐ。中流部には古座川のランドマークである高さ約100m、幅約500mの一枚岩が古座川を見守るかのようにそびえる。日本の秘境百選、平成の名水百選に選ばれるなど、自然を多く残す清流として知られた川である。

　2018年に桜としては約100年ぶりに新種と認定されたクマノザクラは紀伊半島南部に自生する桜で、3月1日のアマゴ解禁から間もなくの3月中旬には淡いピンク色の花を咲かせ、古座川の山々を彩り楽しませてくれる。

　古座川はダムから上を管轄する七川漁業協同組合と、ダムから下を管轄する古座川漁業協同組合に分かれ、アマゴを釣る場合はそれぞれの漁協の管轄区域の遊漁券が必要となる。古座川漁協管内では15cm未満のアマゴの採捕禁止、七川漁協管内は今のところ15cm未満のアマゴは極力放流することとなっているが、和歌山県全体が15cm未満のアマゴの採捕を禁止する方向に動いているので、ゆくゆくはそうなるはずである。

　毎年、七川漁協管内で2万尾、古座川漁協管内でも2万尾の稚魚放流が行なわれているが、昨年（2018）は有志により七川漁協管内に1万粒の発眼卵放流も行なわれた。2019年からは漁協を中心に発眼卵放流の数とエリアを増やしていくことも決定しており、アマゴを増やし釣り人に多く来てもらえる川を作るという意識が地元にも芽生え始めている。

七川漁協管内の河川についてはアマゴの遺伝子調査がなされており、古座川の在来種の存在も確認されている。在来種が棲むエリアもおおよそ特定されていることから、在来種保護の観点で稚魚放流、発眼卵放流については在来種との交雑が起こらないように配慮して実施されている。

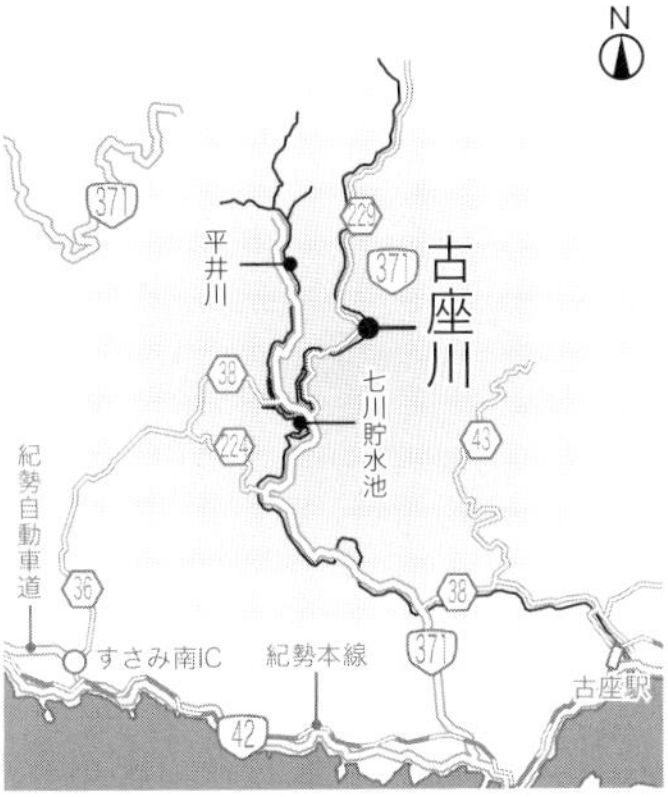

古座川は成魚放流が一切なく、天然魚と稚魚放流によりきれいな魚が釣れる川としても人気が高く、オレンジ色の朱点とヒレがしっかり伸びた見目麗しい魚体は魅力的だ。また、本州最南端に位置する川であることから、3月1日の解禁当初よりエサ釣り以外、ルアーでも釣果が得られることから、最近はミノーイングを楽しむ人が多くなった。

大阪方面からだと周参見《すさみ》で高速道路が終わるが、串本まで伸びる計画も決まり工事も開始された。東西から延びる高速道路により、これからますます交通の便がよくなる。それでもまだ古座川での渓流釣りはあまり知られていないため、のんびりとサオを振ることができる。

渓流釣りのできるほぼすべての川沿いには、一部を除き舗装林道が並走している。この林道を利用しての釣りとなるのだが、落石が多く特に雨上がりは注意が必要だ。また落石して砕けた石の中には鋭くとがった物が多数含まれる。これを踏むとタイヤがバーストすることがある。最近はスペアタイヤを装着していない車もあり、できることならスペアタイヤの準備もしておきたい。集落を過ぎると携帯電話の電波も届かない。主な釣り場がその区域になるために装備には細心の注意を払う必要がある。

また、周辺は日本でも降雨量の多い紀南地方に位置している。渓流釣りで

information

●河川名　古座川
●釣り場位置　和歌山県東牟婁郡古座川町
●主な対象魚　アマゴ
●解禁期間　3月1日～9月30日
●遊漁料　日釣券2500円・年券5000円（七川漁協）。日釣券1000＋税・年券3000円＋税（古座川漁協）
●管轄漁協　七川漁業協同組合（Tel0735-77-0063）、古座川漁業協同組合（Tel0735-72-3800）
●最寄の遊漁券販売所　田中屋旅館（下露地区Tel0735・77・0003。七川漁協管内）、田上おとり店（七川貯水池下流・洞尾地区Tel0735・75・0225。七川漁協、古座川漁協両方の取扱あり）
●交通　紀勢自動車道・すさみ南ICより県道36号、R371を経て七川貯水池へ。上流部へは県道229号を利用

平井川・七川貯水池のバックウオーターから平井の里間の流れ。淵と瀬が連続するエリア

平井川・玉ノ谷の渓相。大岩が沢を埋めるような渓相

使う林道などは激しい雨の後には道路の欠損、土砂崩れによる通行止などが起こることも多い。釣行される場合は、各漁協などに問い合わせてからの釣行をおすすめする。また、最深部はツキノワグマの生息地でもあり、生息数は多くはないがこのことも頭に入れておいてほしい。

●平井川

平井川はダム湖のバックウオーターのすぐ上流から釣りが可能で、総延長15㎞ほどの距離を釣り歩くことができる。堰堤は一切なく、自然の中に身を置き、思う存分に渓流釣りを満喫できる川だ。

ここには特別天然記念物のオオサンショウウオが生息し、移入種ではあるが生息数を増やしている。遺伝子調査によると問題となっているハイブリッドではなく日本固有のオオサンショウウオのようだ。50年以上前に平井川に持ち込まれたものだが、古座川の環境がよほどよかったのか今では生息数を増やしている。

ダム湖のバックウオーターから4㎞ほど上流の、柚子で有名な平井の里までは淵と瀬が連続するエリアで、土砂の流入などにより浅くなったとはいえ、まだ水深のある淵も多く残る。個体数は少ないが、良型のアマゴが釣れる。特に水深のある瀬の中を流すと体高のあるアマゴに出会えることが多い。

ただ、入川道は少なく沢と道路の高低差が大きいため川に入るのは大変だ。川から道路に上がる際、慣れた者でもどこから登ればいいのかと迷うことも多い。大きな淵や岩を越えないと遡行できない場所もあり、沢登りに不慣れな方は慣れた方に同行してもらうことをおすすめする。

平井の集落を過ぎ3㎞ほど上流に、玉ノ谷と、北海道大学の演習林がある谷との合流地点がある。平井の集落か

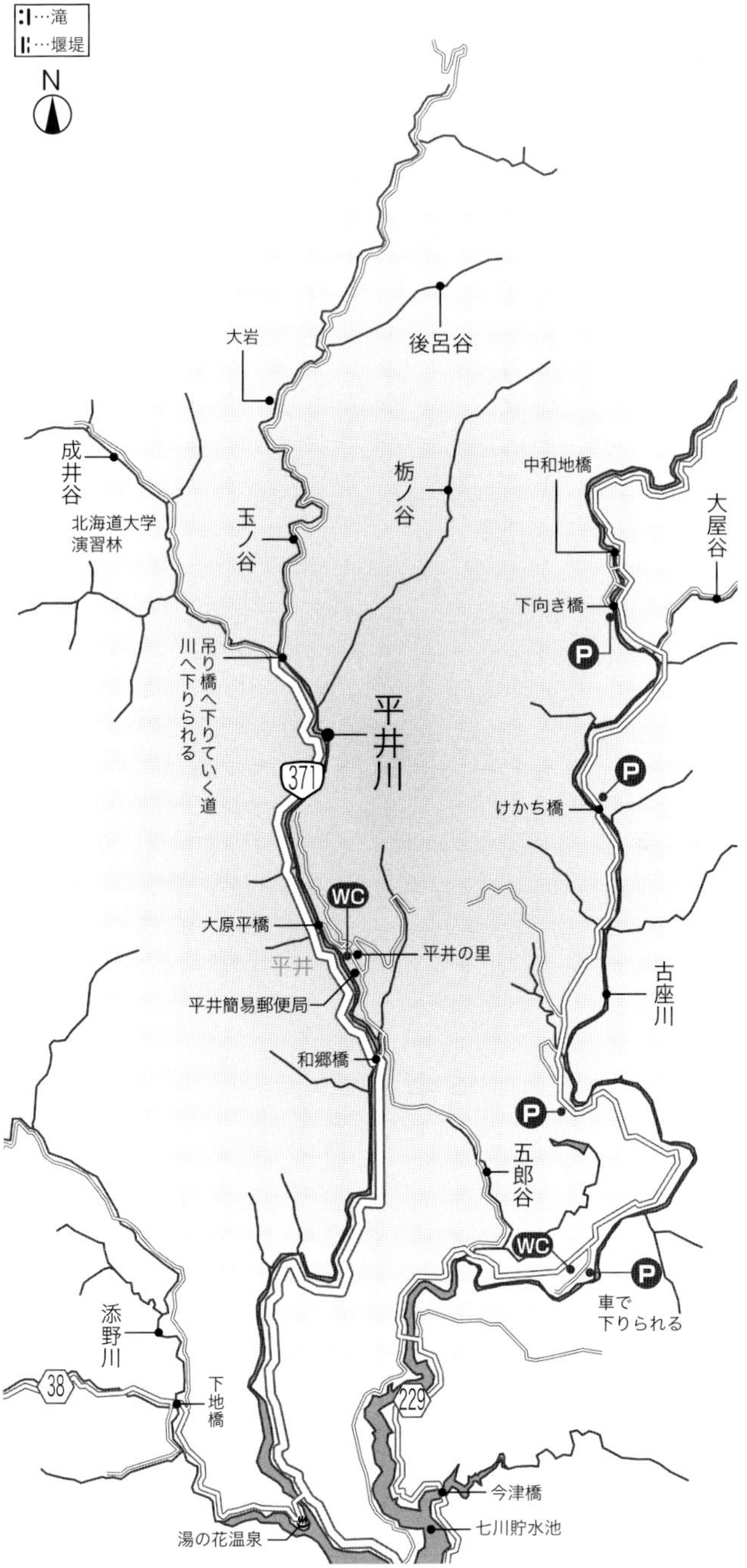

らその出合までのエリアは里川の趣を残し、水量多く瀬が中心の釣りとなる。瀬の中でも少し水深のある場所や、脇の流れを釣るとよい結果の出ることが多い。平井の集落周辺では毎年尺を超えるアマゴが釣れているので集中してねらいたい。

合流地点からのメインの釣り場は玉ノ谷となる。北海道大学の演習林側も細い流れだがきれいなアマゴが釣れる。

合流地点からすぐは高低差があり、遡行は慣れないと難しい。ただ、そこを過ぎると後は緩やかな細い流れが最上流部まで続く。上流に行けば木が覆い被さるところも多い。

アマゴのサイズは小さめで、川幅が狭いだけに警戒心も強く難しい釣りとなる。

玉ノ谷は一部の区間を除き初心者でも川に降りるのにそれほど苦労することはない。穏やかな流れが続き、アマゴの個体数も多く渓流釣りに慣れない方にはおすすめのエリアである。浅い場所でもていねいに探っていくと好釣果を得られることも多い。

平井川・北大演習林と玉ノ谷出合までの渓相。
流れは水量が多く瀬が中心の釣りとなる

また、青い水を蓄えた淵もあり、澄んだ流れで渓流釣りを思う存分に楽しむことができる。

●古座川本流（松根筋）

ダム上の古座川本流は、松根、西川、下露の集落を縫いダム湖へと流れ込んでいる。ダム湖のバックウオーターからも釣りは可能だが、川に降りるのが困難で切り立った岩などに阻まれ高巻も難しい。そのため古座川本流での釣りは松根の集落から2㎞ほど下流に架かるケカチ橋付近から上流部となる。

ケカチ橋から300ｍほどは、大きな石が重なりその間を水が流れる堂々たる渓相である。増水時はとうとうと水が流れ下るが、平水時は小場所が多くなり立ち位置、エサやミノーの流し方をしっかり考えながら釣りをする必要がある。

ケカチ橋から川側に佇む石の鳥居がある川岸神社まではよいサイズのアマゴが釣れるので、気を抜かずにじっくりねらいたい。道路を走っていると対岸の木々の間からのぞく川岸神社は、注意していないと見逃してしまう。川岸神社への吊り橋が架かっているので、その吊り橋を対岸に渡り入渓するとよい。

吊り橋のすぐ上流にある瀬は良型の実績ポイントだ。その上流、平瀬を過ぎ、淵から上に続く瀬も実績のポイント。瀬は複雑な流れを形成しているが、しっかりと探ってもらいたい。夏場には良型アマゴが連発することも多く、特に増水後には楽しい思いをすることが多々ある。

松根の集落周辺は入渓も安易で初心者にもおすすめのポイントだ。ただ、川に入りやすいエリアのため釣り人も多くプレッシャーも高い。集落の周りだけに開けた場所も多く、フライを楽しむ釣り人をよく見かける。

集落を過ぎると、1㎞ほど上流にあ

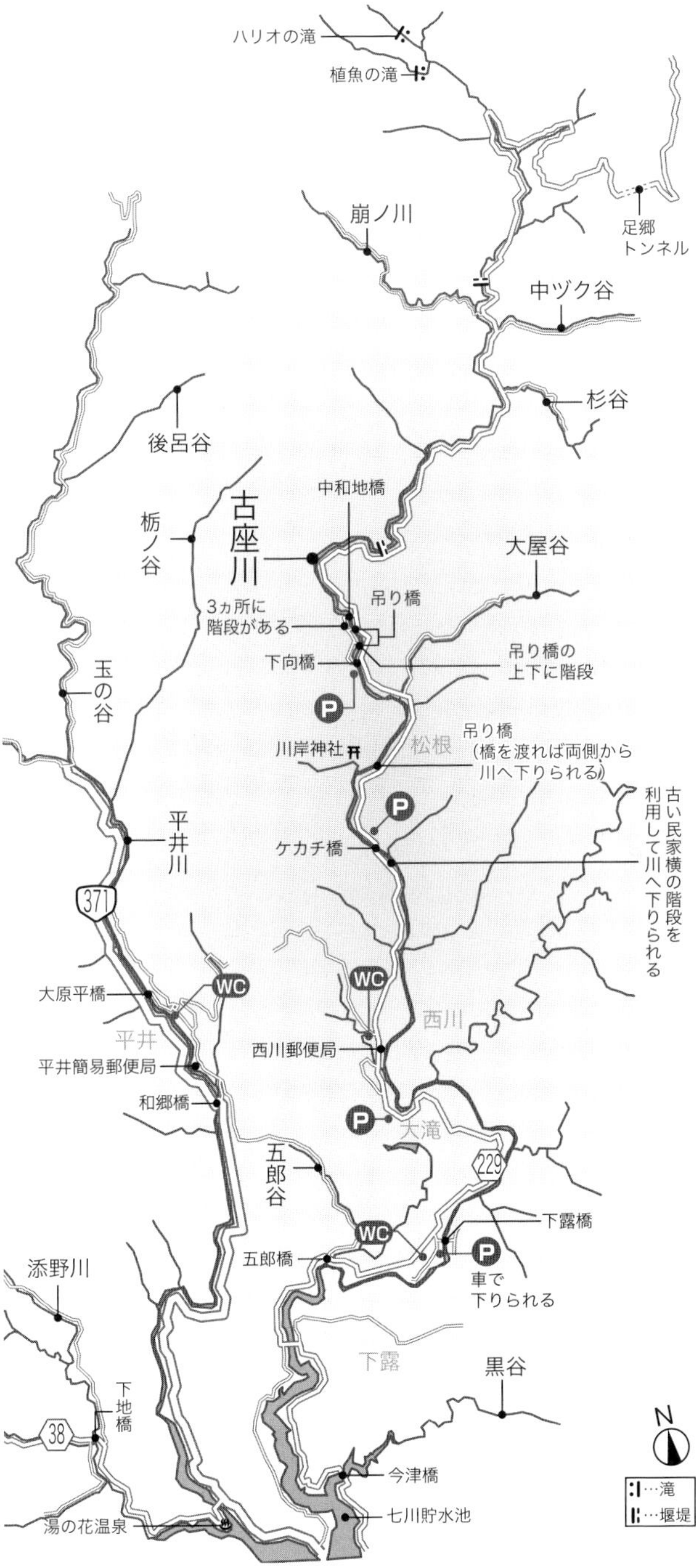

る堰堤までの間は淵、平瀬、早瀬など多彩なフィールドが点在する人気のポイントだ。それだけに釣り荒れすることも多く、瀬の中の水深の変化、流れを見極め、他の人とは違う観点から流すことも必要になる。

堰堤の上流すぐにスロープが川まで伸びている。ただ、そこから先はしばらく道路に上がる道が険しいうえに、道路へと戻る場所も少ない。堰堤から1・2kmほど上流には慣れないと高巻するのが危険な場所があるので、その手前で道路に上がりたいものだ。

このエリアは淵や穏やかな流れがメインの釣りとなるが、そういった場所

古座川のアマゴ。きれいな魚が釣れる川としても人気が高い

本流の最終集落を過ぎた所にある堰堤から崩ノ川間の流れ

にいるアマゴは警戒心が強いのか、ミノーを投げ込むと逃げてしまうことも多く、主に水面の変化をねらうことになる。透明度が高すぎる水も困りものである。崩ノ川が流れ込む出合までは好ポイントも多く、数、サイズともに揃うのでゆっくりと古座川を堪能してもらいたい。

林道から少し下がると橋があり崩ノ川と本流の出合がある。上流に向かい左が崩ノ川、右が古座川本流。崩ノ川は本流との出合から700mほど上流にある滝までが釣り場となるが、小さな流れで釣り人も少ない。

本流側は上流に小さな堰堤がある。水量により堰堤を越すこともできる。このあたりから木が川岸まで迫り、両サイドから自在にキャストができないと好ポイントを逃す。古座川でのミノーイングはある程度キャストができればアマゴは釣れる。正確なキャストができれば、ミノーイングで50尾を越えることも可能だ。

上流部に行くほどナメ底が顔を出す。ナメ底の溝に定位するアマゴを見かけることも多く、細い溝を流すのは有効だ。

新緑の頃、岩が苔に覆われ、木々が緑のトンネルをつくる。すべてが緑で覆われる場所などもあり、私の場合釣りを忘れてゆっくりとした時間を過ごすことも多い。林道を行き交う車もなく、人工的な雑音から隔離された場所に身を置く素晴らしさを堪能できる。

沢から林道が離れる最上流部は木が空を覆い、昼間も薄暗い。川は細くなり短ザオが活躍する場所だ。私はミノーイングでは5フィートロッドを使っている。この長さなら最上流部まで釣り上がれる。上流には古座川を代表するハリオの滝、植魚《うえうお》の滝があり、時間の余裕があるなら釣り歩きながらでも眺めてきてほしいものだ。新緑の頃がおすすめだが松根筋の最深部は5月に入るとヤマビルが出始めるので注意してもらいたい。

●古座川漁協管内

古座川漁協が管轄するダム下は、三尾川合流地点より上流部と、支流の小川の景勝地でもある瀧の拝より上流にアマゴの漁業権が設定されている。稚魚の放流はそのエリアのみで行なわれており、そこが主な釣り場となる。解禁日は3月1日で9月末日までが遊漁期となる。小川の最上流部、成見川に流れ込むツナトリ川と、佐本川最上流部に流れ込むクリガイト川は禁漁区に指定されている。（田上）

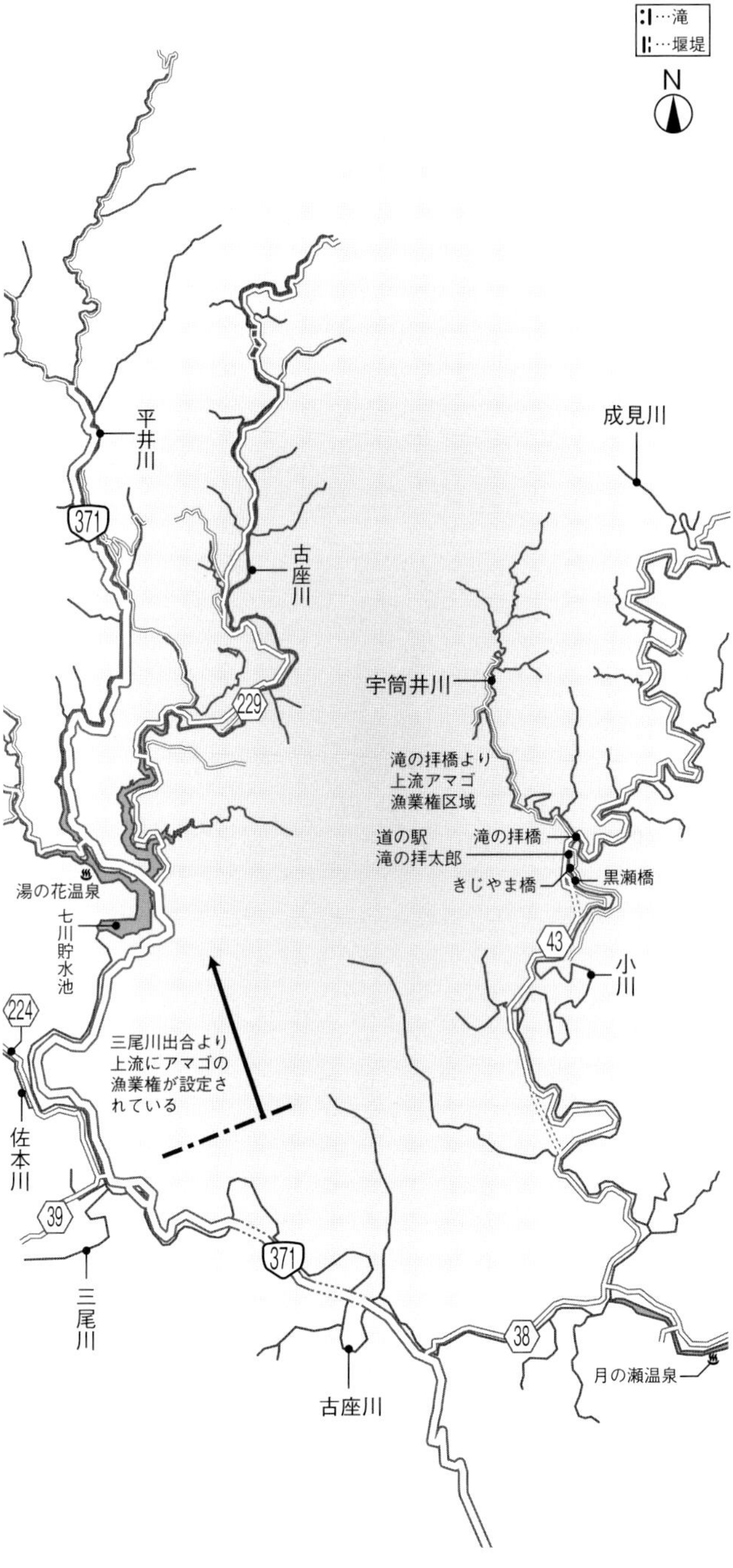

関西「いい川」渓流アマゴ・イワナ釣り場

掲載河川情報一覧

	漁協名	TEL	解禁期間（2019年度）
●滋賀県			
愛知川	愛知川上流漁業協同組合	0748-29-0620	3月2日～9月30日
安曇川	葛川漁業協同組合	077-599-2120	3月2日～9月30日
	朽木漁業協同組合	0740-38-2541	3月16日～9月30日
●京都府			
美山川	美山漁業協同組合	0771-75-0210	3月17日～9月30日（特別区を除く）
上桂川	上桂川漁業協同組合	075-852-0134	3月10日～9月30日
賀茂川	賀茂川漁業協同組合	075-495-3112	3月3日（イワナ域3月17日）～9月30日
●兵庫県			
矢田川	矢田川漁業協同組合	0796-80-1146	3月1日～9月30日
揖保川	揖保川漁業協同組合	0790-62-6633	3月1日～8月31日
千種川	千種川漁業協同組合	0791-52-0126	3月1日～9月30日
●奈良県			
神末川	御杖村漁業協同組合	0745-95-2001	4月第1日曜日～9月30日
高見川	東吉野村漁業協同組合	0746-42-1000	3月第1日曜日（大又川は4月29日）～9月30日
吉野川	川上村漁業協同組合	0746-52-0543	3月3日～9月30日
天　川	天川村漁業協同組合	0747-63-0666	3月10日～9月15日
北山川	上北山村漁業協同組合	07468-2-0177	3月第3日曜日～8月31日
●三重県			
大内山川	大内山川漁業協同組合	0598-74-0666	3月1日～9月30日
宮　川	宮川上流漁業協同組合	0598-77-2110	3月1日～9月30日
櫛田川	櫛田川上流漁業協同組合	0598-47-0637	3月3日～9月30日
●和歌山県			
丹生川	玉川漁業協同組合	0736-54-4640	3月3日～9月30日
貴志川	貴志川漁業協同組合	073-495-2114	3月2日～9月30日
有田川	有田川漁業協同組合	0737-52-4863	3月第2日曜日（特別解禁3月第2土曜日）～6月30日
四村川	同　上	同　上	3月第2日曜日（特別解禁3月第2土曜日）～6月30日
湯川川	同　上	同　上	3月第2日曜日（特別解禁3月第2土曜日）～6月30日
日高川	日高川漁業協同組合	0738-52-0950	3月1日～9月30日
富田川	富田川漁業協同組合	0739-47-0710	3月1日～9月30日
四村川・大塔川	熊野川漁業協同組合	0735-21-4193	3月1日～9月30日
日置川	日置川漁業協同組合	0739-53-0023	3月1日～9月30日
古座川	古座川漁業協同組合	0735-72-3800	3月1日～9月30日
	七川漁業協同組合	0735-77-0063	3月1日～9月30日

●執筆者プロフィール（50音順）

井上富博
和歌山県在住。渓流釣り歴30年。「沢歩き、最高！」。

上西啓文
和歌山県在住。渓流釣り歴46年。「本流での長ザオ、細イトで尺アマゴとのやり取りは、スリリングでたのしい！」。関西友心会所属。

内山賢真
兵庫県在住。渓流釣り歴17年。「春は渓流、夏はアユ釣りで川魚と出会う」をモットーに釣りを楽しんでいる。

木田　豪
和歌山県在住。渓流釣り歴20年。「渓流釣りはシンプルで、初心者でも簡単に始めることができる釣りです。人里離れた山奥の凜とした空気と、透き通る水、景色を楽しみながら美しいアマゴと出会ってください」。

澤　健次
京都府在住。渓流釣り歴35年以上。賀茂川漁協組合長。「個人的には渓流魚は釣るより眺めるほうが好きなのですが、年々魚を増やし、より多くの方が楽しめるように、今後も頑張りたいと思います」。

島田修一
大阪府在住。渓流釣り歴40年の古希を迎えた釣り好きの老人。毎年、岐阜県内各地（馬瀬川上流、益田川など）のアマゴ釣り大会に参加している。

下田成人
和歌山県在住。渓流釣り歴35年。「渓流釣りは子供の頃の遊びの一つでした。解禁前日はうれしくて眠れませんでした。それは今も変わってません。渓谷に癒やされながら日常を忘れ無心でサオを振り、美しいアマゴとの出会いは最高です」。GFG関西所属。

髙井正光
奈良県在住。渓流釣り歴50年。「渓流釣りは手軽に自然に触れられる絶好の機会だと思います。高見川は特に気軽に遊びに行ける渓だと思いますので、どうぞお越しください」。KAC（Kingfisher Anglers Club）所属。

瀧澤佳樹
奈良県在住。渓流釣り歴30年以上。"釣りは楽しく明るく安全に！　全国豊釣！"がモットー。「奈良県には美しい渓がたくさんありますんでぜひ、お越しください」。ちろりん会、その他3クラブ所属。

田上智士
和歌山県在住。渓流釣り歴11年。「渓流釣りは誰でも楽しめる釣り。ビギナーの方にもどんどん入ってきていただけるとうれしいです」。

辻本一行
和歌山県在住。渓流釣り歴40年。HP「おいやんの鮎掛け」を公開中。吉野鮎研究会所属。玉川漁協理事。

西野昭一
京都府在住。渓流釣り歴45年。「いつまでも魚と遊べる川を残していきたい」。キングフィッシャー所属。

野田正美
三重県在住。渓流釣り歴45年。「三重渓流倶楽部は、大ものねらいの釣りクラブです」。三重渓流倶楽部会長、渓流天友会事務局長。

服部晃一
京都府在住。渓流釣り歴15年。「アユ釣りをメインにシーズンを通して海、川、湖の釣りを楽しんでいます。特に渓流は幼い頃から祖父、父に連れられ楽しさを知りました。大自然の中での釣りは最高！　これからも一生楽しんでいきます」。京都RFC、ペガサスセブン所属。

廣尾修二
奈良県在住。渓流釣り歴30数年。「アユ解禁までの間は成魚放流アマゴを中心に県内近隣の河川に通います。近年は成魚放流も多く女性や子供にも手軽に釣れるようになり、少しでも多くの人に渓流釣りの楽しさや自然に興味を持ってほしいです。また自分で出したごみは持ち帰り10cm以下の魚はリリースをお願いしたいです」。四季楽釣会所属。

廣瀬　裕
滋賀県在住。渓流釣り歴35年（アユの友釣りも）。「渓流釣りは、自然のままに・あるがままに」。

廣庭晃大
京都府在住。渓流釣り歴10年。「釣りは、手軽に簡単に」。京都RFC所属。

森　和義
和歌山県在住。渓流釣り歴40年。渓流解禁初期はエサ釣り、中期からテンカラを楽しんでいる。「数にこだわらず、決して無理をせず、自然を満喫し余裕のある釣りを心がけてください」。

森　正彦
兵庫県在住。渓流釣り歴約50年。「雪深い北但馬で育ち、幼少の頃から渓流、アユのドブ釣りを楽しみ、雪解けを心待ちにホームグラウンドの矢田川で美しいヤマメ・イワナとの出会いを楽しんでいます」。酔泳塾所属。香美町観光大使。

谷口輝生
京都府在住。渓流釣り歴は5年ほど。安曇川をホームグラウンドに釣行を重ねる。「釣りは楽しく安全に」。倶楽部かがやき所属。

吉田大修
兵庫県在住。渓流釣り歴21年。「3月の渓流解禁からアユ解禁の5月下旬まで、渓流域の数釣り、本流域の大もの釣りを楽しんでいます」。TEAM 45所属。

和田　猛
三重県在住。渓流釣り歴16年。幼い頃に父親とフナ釣りに行き釣りにハマる。その後、渓流シーズンは渓に通い、他のシーズンは磯、船、ルアー釣りと多彩に楽しむ。「マナーを守って、原点の釣りを楽しんでほしい。未来の渓流釣りファンのために、小さな魚はリリースで！」。三重渓流倶楽部所属。

関西《かんさい》「いい川《かわ》」渓流《けいりゅう》アマゴ・イワナ釣《つ》り場《ば》
2019年7月1日発行

編　者　つり人社書籍編集部
発行者　山根和明
発行所　株式会社つり人社

〒101－8408　東京都千代田区神田神保町1－30－13
TEL 03－3294－0781（営業部）
TEL 03－3294－0766（編集部）
印刷・製本　図書印刷株式会社

つり人社ホームページ　https://www.tsuribito.co.jp/
つり人オンライン https://web.tsuribito.co.jp/
釣り人道具店　http://tsuribito-dougu.com/
つり人チャンネル（You Tube）
https://www.youtube.com/channel/UCCIUP1HVl--kU8B7SDj_ITQ

乱丁、落丁などありましたらお取り替えいたします。

ISBN978-4-86447-334-7 C2075